李商隐传

纪云裳
邢超 著

民主与建设出版社
·北京·

© 民主与建设出版社，2023

图书在版编目（CIP）数据

李商隐传 / 纪云裳, 邢超著 . -- 北京 : 民主与建
设出版社, 2023.7

ISBN 978-7-5139-4206-5

Ⅰ . ①李… Ⅱ . ①纪… ②邢… Ⅲ . ①李商隐（812-
约 858）－传记 Ⅳ . ① K825.6

中国国家版本馆 CIP 数据核字（2023）第 088647 号

李商隐传
LISHANGYIN ZHUAN

著　　者	纪云裳　邢　超	
责任编辑	彭　现	
封面设计	言　成	
出版发行	民主与建设出版社有限责任公司	
电　　话	（010）59417747　59419778	
社　　址	北京市海淀区西三环中路 10 号望海楼 E 座 7 层	
邮　　编	100142	
印　　刷	唐山市铭诚印刷有限公司	
版　　次	2023 年 7 月第 1 版	
印　　次	2023 年 7 月第 1 次印刷	
开　　本	880mm×1230mm　1/32	
印　　张	7.5	
字　　数	120 千字	
书　　号	ISBN 978-7-5139-4206-5	
定　　价	42.00 元	

注：如有印、装质量问题，请与出版社联系。

目录

CONTENTS

第一幕　欲问孤鸿向何处

借山为名　　　　　　　　002

最忆是江南　　　　　　　008

少年与处士　　　　　　　015

玉阳山的月亮　　　　　　020

第二幕　忍剪凌云一寸心

洛阳一杯鹤觞酒　　　　　036

将军樽旁，一人衣白　　　046

凌云一寸心　　　　　　　055

君子之泽　　　　　　　　064

第三幕　我是梦中传彩笔

卿卿柳枝　　　　　　　　076

甘露之殇　　　　　　　　087

我是梦中传彩笔　　097

歧路徘徊，南山北归　　107

第四幕　心有灵犀一点通

卢家有莫愁　　116

五斗米，北窗风　　127

樊南野菊　　138

昨夜星辰昨夜风　　151

忘却在山家　　163

第五幕　此情可待成追忆

人间天涯客　　176

一寸相思一寸灰　　188

风雪断肠人　　197

一一莲花见佛身　　210

附录

李商隐年表　　224

李商隐诗选　　229

参考资料　　235

第一幕

欲问孤鸿向何处

　　李商隐聪颖早慧，曾自述"五年诵经书，七年弄笔砚"，他接受的文学启蒙很早。但父亲早逝，他自幼便饱尝世情炎凉，因而特别多情、重情。

借山为名

名于其人，可以是一根铮铮铁骨，不负道义不负自己；

也可以是一根刺，扎在"一生襟抱未曾开"的心头。

山不在高，有仙则名。

商山，位于陕西商洛之南，因商鞅封邑而得名。

商鞅变法把秦国送上了战国七雄之一的位置，也为日后秦王嬴政扫荡六国提供了坚实的基础。只是历史风云莫测，王朝的更迭一如山间草木的枯荣，秦朝仅传二世而亡，天下很快陷入楚汉之争。

青山依旧在，几度夕阳红，如今侧耳倾听，山风过处，似乎还有曾经的刀光剑影，铁马争鸣。

相传，东园公唐秉、绮里季吴实、夏黄公崔广、甪里先生周术四人有大才，曾被刘邦屡召之而不得。原来这四人皆是秦时的博士。后来，因不满秦始皇"焚书坑儒"，唐、周、吴、崔四位博士相约隐居商山，不问世事。当时四人皆已年过八旬，须发皓然，飘然若仙，便被人称为"商山四皓"。白云深处，岩洞之中，四皓与松柏为友，采紫芝疗饥，甘守清贫，不为繁华易素心，并作《紫芝歌》明志——

> 皓天嗟嗟，深谷逶迤。
>
> 树木莫莫，高山崔嵬。
>
> 岩居穴处，以为幄茵。
>
> 晔晔紫芝，可以疗饥。
>
> 唐虞往矣，吾当安归。

再后来，刘邦打败项羽，得了天下，多次派人以重金聘请四皓出山，皆被拒绝。

直到有一天，刘邦欲废太子刘盈，改立戚夫人之子刘如意，刘盈生母吕后托张良献计，四皓才愿意出山辅佐太子。

宴席上，刘邦见四皓站在刘盈身后，方才意识到刘盈乃民心所向，羽翼已丰，遂作诗感叹："鸿鹄高飞，一举千里。羽翮已就，横绝四海。横绝四海，当可奈何？"再不提废太子之事。

功成之后，四皓拂衣而去，又隐入商山，深藏身与名。

从此，商山与四皓，一并名垂青史。

商山两个字，落在历史的册页上，也如白云照春海，仙气与古意徐徐而来。

"商山隐士，高义如山"，这便是李商隐名和字的由来。

因为李商隐璀璨的诗文，在许多人心中，商山，除了是一种精神，一种文学的意象、志趣的指向之外，又多了一份温柔的情感联结，带着沧海凝成珠泪的浪漫与美玉生烟的清愁，也带着宿命的启示与因缘。

陇西李氏，世代冠族，门第高华，有说法当时天下言李者，必称来自陇西。

只是造化弄人，自李暠而下分支，其子李歆一脉扼住了权力命门，建立庞大的帝国，延绵近三百年；其子李翻后裔像是被命运下了诅咒，虽天资聪颖，却人丁单薄，年寿不永，鲜有高官……

沿着家世一路溯源，顺着名字抽丝剥茧，我们可以看到——

李商隐的高祖名叫李涉，正是李翻的后人。李涉担任过的最高行政职位是美原县令。涉，有博涉书记之意。李商隐的曾祖李叔恒少年得志，十九岁即考取进士，且有诗名，无奈二十九岁早逝，官职仅止于安阳县尉。恒，"如月之恒，如日之升，如南山之寿，不骞不崩，如松柏之茂，无不尔或承"，寓官运亨通，生命力强盛。李商隐的祖父李俌明经及第，任邢州录事参军，奈何英年离世。李商隐的父亲李嗣曾任殿中侍御史、获嘉县令，却在李商隐十岁时猝然离世，命丧江南异乡。嗣，继承之意也。

李商隐，拖着多愁多病的身，登上了晚唐诗坛的巅峰，却一直科举不顺，仕途坎坷，生活困顿，郁郁不得志。命运，就像带着某种遗传的基因，已刻进了他的骨子里，写在了他的血脉中。

他有致君尧舜之志，有妙笔生花之才，也有皓然如山的高义，玉壶冰心的品格，奈何是非成败，皆缘于此。

西谚云：性格决定命运。然也。

他屡试不第，一生辗转幕府，从未真正接近权力的中心，担任过的最高官位也就是一个从五品上的幕府宪职。

在时代的洪流中，在党争的刀剑中，他漂泊无定，形同断梗浮萍，回归故乡时已是一身愁病，终年不过四十七岁。

李商隐是家中长子，是李嗣在生下两个女儿之后期盼多年的麟儿，也是继承李家香火、承载家族希望的人。

商山隐士，高义如山——显然，李嗣借山为长子名，其实是把自己的政治寄望与家族心愿，都放在了长子的肩膀上。

李商隐一岁时，他的弟弟羲叟出生。从羲叟的名字不难看出，李嗣对下一代的寄望与心愿，已近乎执念——羲，尧时掌天文的官吏；叟，即老人，代表着长寿。

而商山四皓，不仅知识渊博，名满天下，进一步有担当帝王顾问、定国之才的能力与高义，退一步有归隐山林、坚守素心的自由与洒脱，身体里，还有李嗣家族不常有的耄耋高寿。

人生若此，夫复何求？

那么李商隐的子孙们呢？

唐代笔记小说中说李商隐有两个儿子，一子名曰"白老"，因为他的忘年之交白居易有一心愿——"若来世投胎，但愿成为李商隐的儿子"。可惜白老资质平平，与仕途无缘。一子名曰"衮师"，自小聪慧，有凤雏之姿，"衮师我骄儿，美秀乃无匹"，从李商隐的诗句中也可以看出，这位"骄儿"很是讨人喜爱。衮，天子礼服，也可引申为帝王。

但实际上，李商隐的诗文中并没有任何关于"白老"的记录，倒有旁枝末节表明，衮师这个名字寄托了李商隐对于孩子的美好祝福。他一定想着这个孩子能够成为"美秀乃无匹"的代表。不过，衮师到底只是一个未被录入史册的名字，可谓泯然众人矣。

幸焉？不幸焉？

帝王之师确实荣耀，却难免陷入伴君如伴虎的境地，行走于朝堂，无异于行走于刀尖，个中冷暖，当如人饮水；若为平民百姓，布衣蔬食、无灾无病过一生，也未必就是辱没和失败——当然，前提是生在和平年代。

李商隐祖籍怀州（今河南沁阳市），祖上迁居郑州荥阳（他的祖父、父亲都在那里出生成长），但他的出生地又回到了怀州获嘉。

唐宪宗元和七年（公元812年），李商隐出生在怀州获嘉的县令官舍里，当时他的父亲李嗣正在获嘉任上。

那是历史上的元和中兴时期，唐宪宗有心重振朝纲，试图把帝国的政治拉回正轨，然而，安史之乱的后遗症已是入骨之毒，宪宗平定了部分藩镇的叛乱，终究还是无法根除种种沉疴。

所谓中兴，不过是夕阳下山前的余晖罢了。

而在仅仅八年之后，历史上伟大的唐帝国就陷入了宦官毒杀皇帝、任意更换天子的局面。宪宗被身边的宦官杀害后，大唐的命运就急转直下、迅速坠落，不可避免地走向了覆亡，其间偶有中兴之光，却再也无人可以力挽狂澜，让帝国重回盛年。

暮色将近，大厦将倾，唐王朝江河日下。

多年后，李商隐写道："夕阳无限好，只是近黄昏。"

似乎可以从诗句中窥见一个帝国的命运。

或许，他也看到了自己的命运，不可避免地被帝国的命运裹挟着，就像漠漠斜阳下的晚霞，滚滚逝水里的浪花。

从这滚滚逝水里，我们又将看到，在这个世界上，一个人的名字，通常代表着另一个人秘而不宣的精神的寄寓。

如李商隐，或如千千万万人。

名于其人，可以是一根铮铮铁骨，不负道义不负自己；也可以是一根刺，扎在"一生襟抱未曾开"的心头。

名于其人，可以是一盏灯，为人生指引方向；也可以是一个魔咒，一生为名所累，就像西西弗斯永远推不上山的石头。

最忆是江南

在醉梦中，他又回到了江南……小小年纪的他仰面躺在乌篷船上，透过树叶的缝隙，看到阳光被筛成细碎的金子，温柔地洒在身上。

李商隐——十岁，就成了孤儿。

如今，十岁的孩子大多还在父母的怀抱里撒娇，李商隐身为家中长子，在父亲过世后，却不得不成为家庭的支柱，在努力赚钱养家的同时，还要艰苦求学。他孤寒的一生，就那般拉开了序幕。

孤寒，似乎也是他灵魂的底色，从童年时代起，就与他如影随形。

或许，正是因为身处孤寒的深渊，他才渴求成功。进士登科，为国效力，那是他渴望的人生轨迹。他想象的世界，永远群星璀璨，永远正大光明，却不知在那个险象环生的时代，他的理想，只是一场镜花水月，终成梦幻泡影。幸好还有诗歌，还有文字，在诗坛的天空，化作一片绮丽的霞光。

元和九年（公元814年），在获嘉任期未满的李嗣做了一个决定，他辞去了朝廷授予的县令职务，应邀到浙东观察使孟简府中担任幕僚。

隋唐时期，但凡是节度使、观察史一类的行政长官，都可以按照流程自行聘请幕僚到府中，或处理文书，或参与政事。幕僚的官职还可以由府主向朝廷申请，官阶与身份、能力直接挂钩。幕僚工资也由府主负责，府主完全可以按照对方提供的价值来自由发放。一般来说，幕府工资会比朝廷的俸禄优渥一些。

"振楫大江东，前林波万顷。高秋海天阔，色落湖山影。"孟简的驻地在越州，也就是今天的浙江绍兴，胜地中的胜地，江南中的江南。

李嗣在孟简幕府的官职为殿中侍御史，官阶为从七品，与县令差不多。不知道他从事的具体工作是什么，只知道在李商隐的记忆里，父亲过世之前，他们一家人的生活，虽然有些漂泊无定，但情感上还是温馨知足的，而且父亲在公务之余，还担任了他和弟弟的文学启蒙老师。

李嗣是个彻头彻尾的儒家思想贯彻者，在他的教导与鞭策下，李商隐从小就坚定了考取功名、为国为民的人生目标，耳濡目染都是修身治国、学贵大成的君子之道，五岁开始习读儒家经典，七岁开始接触纸砚写文章，八九岁入学堂，很快成为老师眼中的神童。

从三岁到十岁，在江南，李商隐度过了他的童年。

关于李商隐在获嘉的幼年，当时还只有两三岁的他尚无太多记忆，但三十年后，当他为二姐迁坟，邀请亲戚给二姐写墓志，以及在他自己写给二姐的祭文里，我们还是可以看到许多朦胧的情节，看到他成长的足迹里隐藏着的涉世之初的阴翳与悲楚。

> 爱女二九，思托贤豪。谁为行媒，来荐之子。虽琴瑟而著咏，终天壤以兴悲。谓之何哉？继以沈恙，祷祠无冀，奄忽凋违。时先君子以交辟员来，南辕已辖。接旧阴于桃李，寄暂殡之松楸。此际兄弟，尚皆乳抱。空惊啼于不见，未识会于沈冤……灵沈绵之际，姐背之时，某初解扶床，犹能记面。长成之后，岂忘迁移？
>
> ——《祭裴氏姊文》

在李商隐看来（或是来源于家人的描述），二姐性格温柔，精通女红，且知书达礼，潜心经史，有东晋才女谢道韫的文采。二姐十八岁嫁到裴家，本以为是嫁给了一名贤豪，可以琴瑟和鸣，举案齐眉，却没想到，竟然酿成了一场天人永隔的悲剧。二姐结婚后，经常被夫家羞辱，甚至还被逐出家门，最后病亡在娘家时，年仅二十四岁，只能暂时葬在获嘉。

那个时候，李商隐还未脱乳臭，弟弟羲叟还只能抱在怀中。多年后，李商隐尚能记起年幼的自己扶着床边，站在二姐面前，看着二姐病入膏肓的情景。但他到底不谙世事，不懂生死，不知道二姐遭遇了什么，只知道二姐好像永远睡着了，再也不会把他抱在怀里，亲昵地叫他弟弟了。

一个对他好的人就那样消失了，就像风消失于风中，就像雨落进了水里。

待长大成人之后，他知晓了缘由，悲愤之余，也只能将二姐的尸骨迁入荥阳故乡李家祖坟，以慰二姐在天之灵。

然而二姐的悲剧，似乎并没有让李商隐早早明白人性的复杂和卑劣，成年后，即便是处处碰壁，他也依然保持着一片赤子之心，便注定，他在官场自始至终都无法如鱼得水，还会被伤得体无完肤。

> 浙水东西，半纪漂泊。某年方就傅，家难旋臻。躬奉板舆，以引丹旐。四海无可归之地，九族无可倚之亲。既祔故丘，便同遗骇。生人穷困，闻见所无。及衣裳外除，旨甘是急。乃占数东甸，佣书贩舂。日就月将，渐立门构。清白之训，幸无辱焉……
>
> ——《祭裴氏姊文》

在李商隐写给二姐的祭文中，我们可以看到的是，李嗣一家在江南的生活，并没有完全安定下来。

李嗣先是在浙东担任幕僚，后又在浙西幕府找了一份兼职。江南物价昂贵，李家人口众多，生活开支自然庞大。而且幕僚不是朝廷官员，难免要为了府主的前程而四处奔波，如果出差时间太长，便只能举家搬迁。

"半纪漂泊"，是说他们一家在浙东和浙西度过了六年的时光

（古代以十二年为一纪）。

"年方就傅"，是说李商隐到了要进入学堂跟着老师学习，为科举考试而接受常规教育的年纪。

"家难旋臻"，是指他的父亲李嗣突然去世的事情。顶梁柱轰然倒塌，妻儿失去了庇护，一个家庭难以承受的灾难到来了。

"躬奉板舆，以引丹旐"，是说他身为长子，必须忍着悲痛，亲自侍奉父亲的棺木，打着招魂的灵幡，与母亲一起把父亲的棺木运回荥阳祖坟安葬。

回乡之路千里迢迢，李家的孤儿寡母一路是如何到达荥阳的？

李商隐没有写。他只写了一句"四海无可归之地，九族无可倚之亲"，也就是说，安葬好父亲之后，一家人已经是家财用尽，无家可归，身边也没有一个马上可以依靠的亲人，他们站在残破的老宅面前，就像逃亡之中的难民。

"生人穷困，闻见所无"，那样穷困相加的场景，人生中从未听说过，也从未看到过。

幸而还有祖父留下的老宅，可勉强遮蔽风雨。

依照大唐礼法，李商隐和弟弟将在老宅中为父亲丁忧三年。

当时，李商隐的大姐已经出阁（过得不顺），二姐已经亡故，弟弟羲叟年纪尚小，还有一个最小的妹妹不知具体年龄，推测或在幼年。

那段时间他是怎么撑过来的，一家人过得有多艰难？李商隐也没有写。

"及衣裳外除，旨甘是急"，只知道他脱下守制的丧服之后，急着要养家糊口，侍奉母亲，在十二三岁的年纪里就担起了家庭的重担。

"乃占数东甸，佣书贩舂"，是说在荥阳，他们没有户籍，就把名字登记在东都洛阳的乡下。他找了一份抄写文书的工作来谋生，同时，还卖苦力，为人舂米。

就这样，日子一天一天熬过去，渐渐地，李商隐将一个家撑了起来。恪守着儒家的孝道，没有辱没清白的家训。

数年后，在洛阳，李商隐遇到了中唐最耀眼的诗人——白居易。

白居易很喜欢李商隐的诗文，两个人个性很投契。

白居易是个感性的人，声称李商隐让他看到了年轻时的自己，还说死后要做李商隐的儿子。

白居易年轻时，也曾凭借一腔热血，希望成为一个为民请命的人。

但在洛阳，白居易已是知天命之年，他成了醉吟先生，便只想听一听丝弦的声音，看一看府中的美妾与仙鹤，再不问世事。

李商隐记得，洛阳偌大的白府内，醉眼蒙眬的白居易与他说起曾经在江南求学和做官的时光，眼睛里全是雾气。

江南好，风景旧曾谙。

日出江花红胜火，春来江水绿如蓝。

能不忆江南？

微醺之时，白居易开始唱《忆江南》，一声"江南好"，长长的尾音悬在半空，李商隐便潸然泪下。

对于白居易来说，江南，收藏过他的少年时代，有他生命中回不去的春天。他不仅怀有对江南美景的追忆，还有一个盛大华丽的王朝，变得千疮百孔之后，再也回不到从前的怅憾。

对于李商隐来说，江南，收藏了他的童年，也给了他许多愉悦的记忆。

事实上，李商隐在江南的那几年，能够有父亲支撑生活，能够与家人平安地待在一起，对于他坎坷的人生来说，已是难得的幸福光景。

最忆是江南——有心事的人，通常都很容易喝醉。

与白居易对饮，李商隐很快便醉了。

在醉梦中，他又回到了江南……

小小年纪的他仰面躺在乌篷船上，透过树叶的缝隙，看到阳光被筛成细碎的金子，温柔地洒在身上。

初春的风，柳叶一样细，轻轻挠痒他清白的灵魂。

他似乎感受到一种全新的力量正在不知不觉地向他走近，感受到自己的身体就像一张新帆，每一个角落都被吹得饱满。

少年与处士

　　蝴蝶，天地之间精灵一般的小生命，代表着美丽、脆弱、干净和孤独，日后也经常出现在李商隐的诗歌中。

少年。

"小孩，抄书吗？五文钱一本。"车水马龙的荥阳大街上，一个矮胖的员外凑到抄书的摊位前，他的鼻孔像两个大烟囱，呼出的气息直冲小小少年的脑门。

"抄！"少年回答得近乎急切。五文钱，完全可以兑换家中一天的口粮。

"小子，字不错嘛！"少年的字是真好看，清正的楷书，落笔虽带着稚气，但笔画间已筋骨初成，隐隐有王羲之小楷《黄庭经》的影子。

半日后，五文钱落袋，少年甩了甩僵硬的胳膊，起身走上街道，走向城郊。抬头望去，远处的夕照环抱着群山，像一个悲悯的长者，凝视着大地。一只孤鸿在天空徘徊，他觉得像极了自己。

"糖人，糖人，粘掉牙的糖人！"

城楼下，小贩嘹亮的叫卖声把少年拉回现实，他的双脚像被捆住："小妹是最爱吃糖人的。"他舔了舔嘴唇，一咬牙："大叔，我可以买个小小的吗？"

少年选了个小猪形状的糖人，小猪是小妹的生肖。

"小妹，小妹，你看，哥给你带了什么好东西？"还未到家门口，少年就已亮开嗓门。

妹妹开心地跑出来迎接糖人，少年顺手把荷包放入母亲手中。

"很甜吧？"看着小妹天真无邪的笑脸，少年扭头小声问。心里半是酸楚，半是欣慰。

夜间，少年温习完功课，又坐到石臼前，与母亲、弟弟一起舂米。

一天又一天，他掌心的血泡化作了老茧，老茧脱了一层，又长了一层，很快，便感觉不到疼痛了。

一直到月上中天，他终于可以安静地上床休息。

从江南到荥阳，秋去冬来，月落日升，为家庭生计奔波的日子里，十岁出头的少年已遍尝了世态炎凉，人情冷暖。

这么苦的日子，何时是尽头呢？

在荥阳，没有人不知道"李处士"，却没有人知道"李处士"的真名叫什么。

或许对某些高士来说，名字和功名一样，都是身外之物。

李商隐称李处士为"处士叔"，为自己有这样一位从叔而骄傲。李处士的祖父就是李商隐的曾祖父。李处士也是一位真正的高士——

论才华：

从李商隐的回忆文章里可以得知，这位李处士无论是经学、古文，还是诗歌、书法，都有极深的造诣。

经学方面，李处士十八岁即通晓儒家五经（《诗》《书》《礼》《易》《春秋》），明经及第后，他还在太学深造过。

古文方面，李处士喜欢韩愈和柳宗元的文章，李商隐也深受影响。李商隐日后艳惊四座的古文功底，就来源于李处士的教导。"樊南生十六能著《才论》《圣论》，以古文出诸公间"，樊南生就是李商隐（他后来住在长安以南的樊川），意思是自己十六岁就写出了《才论》和《圣论》这样的古文，从此才名初显。

诗歌方面，李处士喜欢古体诗，也喜欢鬼才李贺。"自弱冠至于梦奠，未尝一为今体诗"，是说李处士二十多年从不写当时文坛和科场都流行的五七言的律诗和绝句。李商隐虽然日后成了各种体裁的诗歌妙手，但他的喜好简直与李处士一脉相承，后来他还给李贺写了小传，为后世研究李贺的重要史料。古乐府诗和李贺的诗歌，也都是李商隐少年时代模仿的范本，世人常说他的诗风绮丽梦幻，与李贺那上穷碧落下黄泉的想象力是不是很相似？

书法方面，李商隐说李处士是"小学通石鼓篆与钟、蔡八分，正楷散隶，咸造其妙"，连为父亲写下的石碑，也被人悄悄拓印。经李处士指点，李商隐也书法极妙。

论志趣：

琴棋书画诗酒花，柴米油盐酱醋茶，李处士无一不精通。如果说，父亲李嗣给了李商隐文学上的启蒙，那么李处士就给了李商隐审美上的启蒙，让他成为了一名柔软细腻的浪漫主义者。

他看到屋前残败的柳树奇迹般地抽出新枝，心中会隐隐泛起一阵酸楚：枯木尚能逢春，为何人就一去不复返？难道人活一世，还不如一片叶子？

> 孤蝶小徘徊，翩翾粉翅开。
>
> 并应伤皎洁，频近雪中来。
>
> ——《蝶》

这首《蝶》，就是李商隐少年时代的作品。

可是李处士布置的命题？

蝴蝶，天地之间精灵一般的小生命，代表着美丽，脆弱，干净和孤独，日后也经常出现在李商隐的诗歌中。

论品德：

李处士少年成名，前途大好，只因父亲生病，便甘愿放弃仕途回乡，对父亲悉心护理，十年如一日。

对于同族子弟，他悉心教导，不收学费，如师如父如春雨入夜润物无声，只希望他们有一个好的前程，好的人品，不负李氏一族的清誉与辉煌。

　　李处士也孤傲清高，疾恶如仇。据李商隐记录，唐穆宗长庆年间，武宁军节度使王智兴听闻李处士的文名，以重金邀请李处士到府中担任高级幕僚，却被李处士当场拒绝："从公非难，但事人非易！"语毕，竟长揖不拜，扬长而去。

　　原来，李处士早已耳闻王智兴是个道貌岸然的小人，曾以不光彩的方式逼走了前一任节度使，排除异己，更是不择手段。

　　李处士怎能与这样的人共事？他不吐不快，连表面上的客套与恭维都不屑给。

　　大约在唐穆宗长庆元年（公元821年）的冬天，晚唐诗坛最有名的少年与他命中的第一位贵人李处士相遇了。

　　李处士成了李商隐的老师，一直教育了李商隐兄弟几年的时间，李处士的言传身教，贯穿了他们整个少年时代。

　　在李处士的教导下，李商隐进一步为科举做准备，研习儒家经典，书法日益精进。李商隐信仰儒家学而优则仕的思想，想在仕途上大展鸿图，他的文学底蕴日益深厚，对文学的喜爱，也从朦胧抵达了实质，从辞藻和意境，深入了思想的内核，且慢慢形成了自我的风格。

　　如果说李商隐之前的十余年是一种家庭氛围下的自我成长，那么遇到李处士后，他便开启了生命中的第二个阶段——博观而约取，厚积而薄发。

　　李处士不仅授予了他们超凡的学识，其德行也草蛇灰线地渗入了他们的思想，继而影响了他们为人处世的方式，以及仕途与情感的走向。

玉阳山的月亮

月圆月缺，不过是最平常的自然现象而已，但在高敏感者看来，月亮的每一种形状，或许都联结着他身体里不同的情感链条。

月亮照在玉阳山上。

那是大唐宝历三年（公元827年）的月亮，如霜，如雪，如剑光，如步虚妙音。

明月下，松涛涌动，如云海悬浮在山峰上。山间的建筑群透出点点光亮，在夜雾中散发着宝气，如海市蜃楼里鲛人的眼泪。

但那不是蜃楼，是道观。

当年，玉真公主一心追随在王屋山修行的司马承祯，唐玄宗只好下令，让长安的能工巧匠齐聚玉阳，为妹妹修建清修之地。

玉阳山离洛阳很近，属河南济源，乃王屋山余脉。而王屋山又属于太行山脉，终年云雾缥缈，也是李白去寻访司马承祯不遇，闲与仙人扫落花的地方。

玉阳山与王屋山相邻，山上有万株青松，苍翠葳蕤，一条玉溪自山顶而下，潺潺似琴，风景亦不似凡间。

后来玉真公主离世，玉阳道观却一直保留着，依然是大唐最有名的学仙场所之一。

许多年轻人因此慕名而来，或苦读，或学仙，进可参加科举，走上仕途；退可加入道籍，潜心修炼。

女冠（唐代女道士皆戴黄冠，因俗女子本无冠，唯女道士有冠，故名），则是玉阳山上一道美丽的风景。她们之中，有千金之躯，有大家闺秀，也有来自小户人家，甚至是贫苦百姓的女儿——她们只为求碗热汤喝（如此，道观还承担着福利院的功能）。

山上，女冠与道士被道观的高墙阻隔着，各自居住，各自修炼，小心翼翼地保持着距离。

但在大殿朝礼的时候，总有一些目光，会产生交集。

玉阳山的月亮知道女冠的心事吗？

女冠房中的古琴或许知道。

琴声不断流泻，漫向窗外。俄顷，一朵小小的桂花，落在石阶上，像极了窗内的一声叹息。

大约在宝历三年的时候，李商隐来到了玉阳山，开启了他学道与温书的生活。

一方面因为道观是清幽之地，更利于功课，另一方面，是顺应了当时的风气——唐代对道教极为推崇，很多士子在科举考试之前，都会去道观修炼一段时间。而但凡有过学道经历的士子，都可以在履历表上添上闪亮的一笔。

李商隐或受人指点，在十六七岁的年纪，也希望通过玉阳学仙，为以后的科举之路铺一点机缘。

不过，不知道玉阳山的生活，有没有让李商隐明白自己的短板。他那颗敏感又多情的心，怎么会适合修仙呢？

偷桃窃药事难兼，十二城中锁彩蟾。

应共三英同夜赏，玉楼仍是水精帘。

——《月夜重寄宋华阳姊妹》

宋华阳。

这个数次出现在李商隐诗歌里的名字，有可能就是他的初恋。

如果是，那么他们之间的恋情，就发生在玉阳山。

从这首诗可以看到，李商隐与宋华阳之间的关系，显然已经超越了普通道友。他曾给她写诗，也就是写信，邀请她和姐妹们一起出门赏月。

在诗中，李商隐写到了两个典故。

也正是这两个典故，让后世许多研究他的人，对他的情感走向遐想不已。

一个是偷桃。

出自《汉武内传》，说的是汉武帝曾经在七夕之夜设宴款待西王母，西王母带来几只仙桃给汉武帝品尝。汉武帝只觉仙桃甘美异常，便将桃核包起来，希望可以在人间栽培。西王母不禁笑道：

"这桃三千年才结一次果。此刻趴在窗外偷看的那个小子，就曾经三次偷吃过我的桃！"汉武帝回头一看，发现东方朔正趴在窗外，于是便知道，东方朔不是凡人。

一个是窃药。

出自《淮南子》，说的是后羿与嫦娥的故事。后羿在西王母那里求取了长生不老的灵药，却被嫦娥偷服。嫦娥奔入月宫之中，从此长生不老，却也高处不胜寒。

十二城，亦作十二楼、十二层城，是道教认为的仙人居住的地方，地址在昆仑之巅，那里修建着金台五所，玉楼十二座，每一层楼都仙乐缭绕，珠光灿烂。诗中或指月宫，或代指玉阳道观。

传说中，月宫里的彩蟾是嫦娥所化。那么嫦娥不能外出，玉阳道观里的宋华阳姊妹，愿意出门与李商隐一起赏月吗？

或许那一天，他等了很久，"水精帘"后的她们却一直没有出现。

唐代正史和野史中都曾记录过一件旷古奇闻。

唐德宗贞元十年（公元794年），司马承祯的弟子、果州（今四川南充）女道士谢自然于蜀中金泉道场讲道，寄语道友："莫生悲苦，可勤修功德，修立福田，清斋念道，百劫之后，冀有善缘，早会清源之乡，即得相见。"语毕，天空中忽然生出红霓，云气缭绕，然后，在众目睽睽之下，谢自然的身体就像一缕风中的青烟飞升，隐入云霄，消失不见，冠履则如蝉蜕一般脱落原地。

谢自然白日飞升之后，当时的果州刺史李坚立马上报了朝廷。

唐德宗认为是祥瑞之兆，在《敕果州刺史手书》中隆重地褒奖李坚，说因为李坚典兹郡邑，政洽人心，所以才获得圣祖垂光，教传不朽，令他老人家载深喜叹。

李坚收到唐德宗的手书后，马上请人刻成碑文。如今，碑文依旧存在。

白日飞升，正是许多玉阳道友日夜苦修的终极目标。

如今看来或许匪夷所思，毕竟无法用现代科学来解释。

但在当时，谢自然成仙的消息无疑让学道的人都精神一振，更是所有女冠的榜样与力量。

"仙翁无定数，时入一壶藏。夜夜桂露湿，村村桃水香……"在李商隐的诗歌中，他还写过一位玄微先生，不知是不是玉阳山的道人？

说是那玄微先生变幻莫测，身体可以自由伸缩变化，经常把自己藏入一把壶中。

壶中别有洞天，长满桂花树和桃树，空气里流动的都是香风。壶中人吃的是白凤之肉制作的仙药，还可以和神仙一起下棋。壶中神光形同流星，如果醉了酒，醒来时可能就到了另外一个朝代。

玄微先生精于道术，画地为江河，还有移山的本领。他喜欢倚靠在扶桑神树之下——那是太阳升起的地方——吐纳日光精华。有一种传说中的龙竹，他将其裁成马鞭，策马可日行千里，来去自由。他穿上海中鲛人织成的衣裳，身体就像雾一样飘起来。

汉武帝宴请西王母，收集仙桃的桃核，想要在人间栽种；秦始皇听闻海外有仙山，想要建造一座桥梁去寻访神仙，连海神都来为他竖立桥墩……但秦皇汉武的做法，对于玄微先生来说，不过是小孩子的游戏罢了。

在那首写给玄微先生的诗歌里，李商隐毫无顾忌地表达了对玄微先生的崇拜，以及对仙道生活的向往。

初上玉阳的时候，他一袭白袍，衣带飘飘，犹如置身琼瑶仙宫，手把金芙蓉，口咏《玄云歌》，和道友们一起在山岚晨光中读书悟道，高谈阔论，似乎可以忘记所有的烦忧。

后来，他博览道教丛书，除了被朝廷奉为经典的老、庄、文、列诸子丛书，还有一些讲述修炼成仙、神仙逸事的杂书，比如《黄庭经》《玄女经》《神仙传》《真诰》《登真隐诀》等，对于青春期的少年来说，神仙的世界里充满了新奇和高妙。他喜欢在各种神仙列传里想象和靠近那个没有虞诈，没有疾苦，神秘又美好的仙道世界。

"自有仙才自不知，十年长梦采华芝"，他还一度认为自己是个修仙之才。在道教理论方面，他同样学习出众。他还学会了写青词和斋文。这种题材有一套固定的格式和术语，需用一种恭敬虔诚的口吻写得正大且有文采。深厚的文学造诣和触类旁通的文学技巧，让他几乎包揽了道观中青词和斋文的"业务"。

他也对道教的典故和意象都谙熟于心，信手拈来。那些知识和传说为他的诗文增色不少，也让他的文风更接近瑰丽、梦幻迷离的气质。

但同时，他又肩负振兴家业的重任，对仕途心存强烈的期望。

他终究是要下山去的，玉阳再好，他也不会久留。

他与宋华阳，只能是彼此的过客。

所以他写：偷桃窃药事难兼。

是因为他懂得宋华阳的克制，在玉阳山上，修仙与爱情，注定不能两全。

宋华阳是女冠，不可迷恋红尘，清心寡欲是日常必修课。

但她做不到像东方朔一样尽情尽兴地活着，也无法继续心无旁骛地清斋念道，做到像嫦娥一样不留恋凡尘。

便只能将万千心事倾诉瑶琴。

瑶琴幽幽，如一条回忆的河。不知道是哪一次眼神的碰撞，他们之间，有了第一次心弦的共鸣。只是碍于清规，她不能过多回应。

> 昨日紫姑神去也，今朝青鸟使来赊。
> 未容言语还分散，少得团圆足怨嗟。
> 二八月轮蟾影破，十三弦柱雁行斜。
> 平明钟后更何事，笑倚墙边梅树花。
>
> ——《昨日》

元宵节那天，玉阳山灯火通明，盛大的道场上，他与她在人群中匆匆会面，却尚未来得及好好说话，就要分散。

下一次又要何时才能收到她的回音？

他们之间可以相聚的时间屈指可数，想念实在令人哀愁。

元宵过后，正月十六的月亮照在玉阳山上，古筝十三弦，弦柱如大雁斜飞，筝音诉不尽幽恨。

到了早上，钟声响起，他只能倚靠在墙边，对着一树梅花，苦笑着开解自己。

> 一片非烟隔九枝，蓬峦仙仗俨云旗。
> 天泉水暖龙吟细，露畹春多凤舞迟。
> 榆荚散来星斗转，桂花寻去月轮移。
> 人间桑海朝朝变，莫遣佳期更后期。
>
> ——《一片》

那一日，道观举行了盛大的斋醮仪式，大殿里，一干九枝的灯盏亮如白昼，香炉紫气氤氲，钟磬管弦锣鼓时缓时疾，道士们齐声合唱颂词，犹如置身蓬莱仙境。

大殿外空旷的露天广场上，道士与女冠组成的仪仗队举着彩旗施施而来，犹如天宫中举着云旗的仙童降临人间。

玉阳山上，梅花落后，山泉就暖了，春天也就深了。

他在诗中告诉对方：你看，斗转星移，花开花落，季节变换得如此之快，世事几度沧海桑田，肉身多久化作尘埃？

人生苦短，不要再推迟我们约会的时间。

而诗中"人间桑海朝朝变"一句，又不禁让人猜测，李商隐是在感叹年前唐敬宗遇害一事。

君不见，自李商隐出生到玉阳学道，长安大明宫里，已经换了三次主人。

史料记载，唐敬宗十六岁登帝位，在位期间，宠信宦官，迷信道士，沉溺女色，游宴无度，荒废国政。宝历二年（公元826年）十二月的一天，敬宗猎狐还宫入室更衣，殿上蜡烛忽然熄灭，待灯光再次点亮，年仅十八岁的皇帝已被人刺杀身亡。

当帝国皇权的更换仅在朝夕之间，当朝堂之上堂而皇之地站立着刽子手，当帝国的主人眼里只看得见眼前的享乐，那么对于寒窗苦读，一心想要为帝国效力的士子们来说，又意味着什么呢？

> 碧城十二曲阑干，犀辟尘埃玉辟寒。
>
> 阆苑有书多附鹤，女床无树不栖鸾。
>
> 星沉海底当窗见，雨过河源隔座看。
>
> 若是晓珠明又定，一生长对水晶盘。
>
> ——《碧城三首·其一》

李商隐在玉阳山还写了三首《碧城》。

我们可以从中看到，玉阳道观是华丽的，洁净的，处处令人遐思，又处处充满禁忌。

在很多研究李商隐的学者眼里，这无疑又是一个他与宋华阳恋爱的铁证。

碧城，即道教中的神仙居所，相传元始天尊就住在紫云之阙，以碧霞为城。在诗中依然代指道观。

"犀辟尘埃玉辟寒"，是说碧城不染一丝尘埃，雕栏玉砌，却感觉不到严寒——相传有海兽名曰却尘犀，犀角可辟灰尘，置于房间，尘埃不入，簪戴头上，则尘不着发。还有一种暖玉，《杜阳杂编》里说暖玉颜色如火，可辟寒，冰天雪地亦暖如冬阳。

"阆苑有书多附鹤"，是说在阆凤山之苑，即传说中神仙居住的地方，那里的仙人如果要传递书信，就会把书信绑在仙鹤的脚上，鹤来则书至，双方即可见信如面。

"女床无树不栖鸾"，是说在女床之山，即《山海经》里的海外仙山上，每一棵树上都栖息着鸾凤，凤凰于飞，和鸣锵锵，在爱而不得的人看来，那是多么令人羡慕的场景啊！

而在玉阳道观，他的书信，要如何抵达她居住的地方？

他们或许也有过彻夜厮守的时光，一直到窗外的星星沉入深海，一场雨投入黄河的源头。

两个人在一起分明是那么甜蜜，却必须在晨光降临之前仓促分离。

如果太阳永不出现该有多好，他们的恋情，就可以永远在月光之下，如朝露一般清澈晶莹。

> 对影闻声已可怜，玉池荷叶正田田。
>
> 不逢萧史休回首，莫见洪崖又拍肩。
>
> 紫凤放娇衔楚佩，赤鳞狂舞拨湘弦。
>
> 鄂君怅望舟中夜，绣被焚香独自眠。
>
> ——《碧城三首·其二》

　　第二首《碧城》，诗中依旧写到不少典故。

　　萧史是《列仙传》里的人物，琼姿炜烁，风神超迈，善吹箫，可作凤鸣。秦穆公的女儿名叫弄玉，也善于吹箫，后被穆公许配给萧史。夫妻两人居住在凤楼之上，经常一起合奏，有一天竟然引来了天上的凤凰。于是弄玉乘凤、萧史乘龙，夫妇一起飞向了天宫，成为了仙人。

　　洪崖，在《列仙全传》里，他是黄帝的一位乐师，后得道成仙。到了汉代，仙人卫叔卿在终南绝顶跟人下棋，其中一个，就是洪崖。

　　楚佩，说的是在遥远的楚地，郑交甫在江边遇到两位美丽的女子，两位女子对交甫心生好感，遂解下随身携带的玉佩相赠。告别两位女子后，交甫走出十几步，便忍不住想拿出玉佩来好好观看，却发现腰间空无一物。惊讶中，他赶紧回头一看，那两位女子早已没有了踪迹，才知道是遇见了江上的仙女。

　　湘弦，说的是湘灵鼓瑟的故事。舜帝南巡，死于苍梧，他的妃子娥皇、女英一路追到湘江，跳江殉情，魂魄化作湘水之灵。人们路过湘江，经常会听到幽怨的鼓瑟的声音，一曲终了，不见鼓瑟人，只有江上青峰，缭绕着袅袅余音。

　　鄂君，即楚国公子子晳，一日乘舟江上，船家是一名越国女子。越女心悦子晳，便用越国方言唱了一首歌，也就是著名的《越人歌》："今夕何夕兮，搴舟中流。今日何日兮，得与王子同舟。蒙羞被好兮，不訾诟耻。心几烦而不绝兮，得知王子。山有木兮木有枝，心悦君兮君不知。"子晳当时只觉得歌声婉转，却不明白其中的意思。因为听不懂越语，子皙错失了佳人，便只能在舟中独自度过漫漫长夜。直到后来他请人翻译过来，才知道是越女对自己的表白。

李商隐这首诗可谓写尽禁忌之恋里对影闻声、相见不相亲的无奈与愁闷，以及不安全感。

我看着你的影子，听着你的声音，就足以心如钟撞。你不要留意那吹箫引凤的萧史，他已和弄玉成婚；也不要理会那神仙洪崖，想着和他们比肩亲近。你更不要嫌弃我是区区凡胎，我对你的心，日月可鉴。

这么多的典故，欲说还休，浓缩成一句话，不过就是——请你不要爱上别人。

> 七夕来时先有期，洞房帘箔至今垂。
>
> 玉轮顾兔初生魄，铁网珊瑚未有枝。
>
> 检与神方教驻景，收将凤纸写相思。
>
> 武皇内传分明在，莫道人间总不知。
>
> ——《碧城三首·其三》

这首诗再一次写到了汉武帝与西王母的故事。

《武皇内传》（即《汉武内传》）里记载，汉武帝闲居承华殿时，有一天忽然在殿中看到一位女子。女子身穿青衣，美丽非常。汉武帝愕然问之，女子回答道："我乃墉宫玉女王子登，从昆仑山来，受西王母派遣，请你斋戒至七月七日，王母定会与你相见。"

汉武帝一一照做。到了七夕之夜，西王母果然赴约。

西王母信守承诺，那么女冠会不会失约？

《汉武内传》里写了那么多仙女偷食人间禁果的故事，不是一样被传为佳话了吗？

诗人房间里的珠帘，依然静止着，没有人将它悄悄拨开。

七夕的月亮还不够饱满，里面的玉兔还只是小小的身影。他等待着她的到来，就像茫茫大海中等待珊瑚的铁网。

西王母为汉武帝送来仙桃，让汉武帝长生不老。诗人也想为女冠送去神仙的方子，让她容颜永驻。她收下方子，定将回给他一封华美的信笺，上面写满相思的诗句。

而"洞房帘箔至今垂""玉轮顾兔初生魄"两句，却让某些学者认定，诗人与女冠在玉阳山上有了夫妻之实，就像月亮腹中有了玉兔，诗人也让女冠有了身孕……

> 重帏深下莫愁堂，卧后清宵细细长。
>
> 神女生涯原是梦，小姑居处本无郎。
>
> 风波不信菱枝弱，月露谁教桂叶香。
>
> 直道相思了无益，未妨惆怅是清狂。
>
> ——《无题》

"神女生涯原是梦"，在《高唐赋》中，楚怀王赴湖北云梦泽狩猎，小憩于高唐馆，在梦中遇见巫山神女。神女旦为朝云、暮为行雨，为追求爱情，向楚怀王自荐枕席。待楚王梦醒，神女早已芳影无踪。

在这句诗里，李商隐似乎又对修仙之路产生了怀疑，希望对方不要把青春消耗在道观里。

而且一语双关，巫山神女和楚怀王的爱情故事那样缠绵悱恻，动人心弦，神女可以大胆地追求爱情，为何你就不愿暂时放下那些清规，和我好好爱一场呢？难道我这一生注定如柔弱的菱枝，任凭风雨摧残？还是像孤独的桂叶，始终得不到月露滋养？

罢了，都说相思无益，不过闲人自扰，我到底，是个痴情的怅客。

李商隐善写情诗，翻阅他的诗集，无题者，也几乎都是情诗。而且在玉阳学道的那两年时间里，他笔下的情诗，更是呈井喷之势。

试问大唐还有谁比李商隐更会写相思？

直道相思了无益，未妨惆怅是清狂——这无疑是可以为天下相思代言的句子。

玉阳山若有爱情，想必令人心旌荡漾，甘之如醴，也将令人辗转反侧，愁肠百结。

李商隐爱的那个人，真的是宋华阳吗？

是，或者不是，其实都不重要。

只知道对方的一点风吹草动，都可以让他的内心山呼海啸，让他忍着相思的苦痛，羞怯的折磨，用熟读过的美丽又晦涩的典故，来写下一个个爱情的谜题。

大约两年后，李商隐离开了玉阳山。

玉阳两年，他留下了数十首悱恻痴缠的情诗，以至于让后世研究他的学者孜孜不倦地在诗中寻找他爱情故事的蛛丝马迹，试图证明他是因为女冠怀孕一事而被驱逐下山的。

但无论是真的被驱逐，还是后人一厢情愿的臆测，对于李商隐来说，修道的日子再好，他终究还是要踏上仕宦之路。

李商隐也的确恋恋不舍。

那些相思入骨的情诗自不必说，在另外一首告别诗中，他写道：

> 共上云山独下迟，阳台白道细如丝。
>
> 君今并倚三珠树，不记人间落叶时。
>
> ——《寄永道士》

昔日李商隐与那位永道士一起上山，如今一个人落寞地下山。

蓦然回首，山下通往道观的小路已如头上的发缝，渐渐消失不见，而永道士却可以继续留在那个仙境般的地方，继续修道，忘记人间的花开花落与悲欢离合。

似有深深的遗憾。

从此之后，世间便有了"玉谿生"。

玉谿，是玉阳山的一条小溪。

这个名字，一笔一画，都带着玉阳山的记忆与情感，将伴随着十八岁的少年，走向幕府与仕途，以及红尘深处。

忍剪凌云一寸心

　　李商隐虽身世坎坷，性格优柔内向，然而志向却非常远大。他初入社会，进取之心正盛，对国事的关注尤为密切。他渴望考取功名，成就一番事业。

洛阳一杯鹤觞酒

　　白居易能说给李商隐听的，或许就是人生在世，富贵风流皆如酒后春梦，但也必须自己亲身经历过，才知道值不值。

　　"此处没有太子宾客白居易，只有醉吟先生白乐天。没有白公，只有白叟。"

　　洛阳的风流，在履道里。

　　履道里的风流，在醉吟先生白乐天的府上。

　　唐文宗太和三年（公元829年），履道里白府粼粼碧波，丝竹旖旎，牡丹花开得香气沉沉，李商隐第一次见到白居易。

　　白居易对李商隐一见如故。

　　那个自称是"玉谿生李商隐"的少年，初次上门拜谒，便成了白府的座上宾。

　　"何以忘忧？唯有鹤觞。且饮酒，饮酒。"

　　李商隐记得，那一天，白居易心情大好，饮了好多的酒。

微醺之时，泛舟池上，白居易簪花而戴，弹奏琵琶，一首《霓裳羽衣曲》，让宾客们仿佛回到了"云想衣裳花想容"的时代。

那是一个没有朋党之争，属于艺术家和诗人的时代。

"樱桃樊素口，杨柳小蛮腰"，春风拂槛，白居易诗中的两位女子，环佩叮当，施施然出现在李商隐面前，如同仙子降临。她们是白府主人最宠爱的美妾，与主人有着某种香艳的默契，随着曲子翩翩起舞时，身姿比牡丹更窈窕，果然千娇百媚。

白府的宾客，谈笑皆鸿儒。

"请君休说长安事，膝上风清琴正调。"当然，鸿儒们谈笑，都不会提朝堂上发生的一切。人生在世，譬如朝露，去日苦多，不如好好享受白府的诗文、歌舞与风月，还有传说中可以引神仙驾鹤而来的鹤觞酒。

花非花，雾非雾，黄昏将至，朝云何觅？

一双白鹤落在远处的太湖石上，静静地打量着府中的盛筵。

昔日白居易从苏州回来，不仅带回了太湖石，带回了江南园林的精巧布局，还带回了一对白鹤。

开琼筵以坐花，飞羽觞而醉月，没有鸥鹭，白鹤亦可忘机。

那一天，李商隐也喝了鹤觞酒，只觉浮生若梦。

四年前，白居易掌印杭州，任期将满时，生了一场大病。

病愈后，他对仕途心生退意，便寄了一首诗给当时的宰相牛僧孺，希望可以到洛阳工作。

又二十年前，正是时任制策考官的白居易给了出身寒门的牛僧孺一个进士的名额，让他有机会步入士林，进阶权力的中心。不久后，牛僧孺与同榜李宗闵一起进谏，抨击宰相李吉甫，让李吉甫的儿子李德裕心生芥蒂，从而衍生出日后延绵四十年的牛李党争。

所谓牛党，即以牛僧孺、李宗闵为领袖的，大多数出自寒门、通过科举入仕的官员。李党，则是以李德裕为领袖（李德裕本人并不承认），通过门荫入仕的贵族官员（也有部分是进士出身）。

翻开史书，我们可以看到，牛李两党在政治上存在深刻的分歧，譬如科举选士的方式，譬如对待藩镇的态度，其争斗实质上还是一场势不两立的权力斗争，两党彼此排挤，相互倾轧，就连皇帝都可以利用。

新登基的唐文宗不禁悲叹："去河北贼非难，去此朋党实难。"

诚然，当一个国家的权力不在君王，而在朋党、宦官和藩镇手中，这对正直的士大夫来说，也无疑是精神的损耗，对报国激情的消磨。白居易身为党争的受害者，总是不自觉地被卷入别人的利益纷争，屡次被贬谪，皆因党争之故——晚年时在洛阳，天子有意招他入朝为相，却因为他与牛僧孺的关系，为李党所厌恶，间接丢了拜相的机会。

如果说两党在什么事情上曾同心协力的话，或许就是一起往大唐摇摇欲坠的灯火上，又吹了一口气。

白居易曾经在写给牛僧孺的诗里说了什么？

想必那诗里的每一个字，都在说人在朝堂，身不由己，都透露着心灰意冷。

　　而给牛僧孺写完信后，年过半百的白居易就开始修葺洛阳履道里的宅子，以作养老之用。

　　四年间，他先是去了苏州担任刺史，算是了却少年时的心愿；再入长安秘书监，掌管皇家图书；然后转刑部侍郎，封晋阳县男；最后终于如愿成为太子宾客，分司东都。

　　东都洛阳，其繁华不亚于长安，城南有秋山，城东有春园，城中有天下最美的牡丹，乃真正的富贵温柔乡。

　　定居洛阳，诗酒终老，是为了明哲保身，避免卷入政治旋涡，也为了退一步，优哉游哉，海阔天空。

　　《池上篇》里收藏了履道里白府的风流蕴藉："十亩之宅，五亩之园，有水一池，有竹千竿。……有堂有庭，有桥有船，有书有酒，有歌有弦。有叟在中，白须飘然，识分知足，外无求焉。灵鹤怪石，紫菱白莲，皆吾所好，尽在吾前。时饮一杯，或吟一篇，妻孥熙熙，鸡犬闲闲。优哉游哉，吾将终老乎其间。"

　　在洛阳，白居易还发明了一种叫作"中隐"的思想。

　　大隐在朝堂，如那个"偷桃"的东方朔，但"汉武帝"那样的明君何在？

　　小隐在山林，如那个不为五斗米折腰的陶渊明，但深山之中，可没有鹤觞酒，没有牡丹花一样的美人。

　　在《中隐》诗中，白居易写道："大隐住朝市，小隐入丘樊。……不如作中隐，隐在留司官。"其中不乏乐天知命、淡泊达观的句子。这种思想，也被后世很多"其道难两全"的士大夫所效仿。

但真的没有遗憾吗？

如果真正放下，又何必"请君休说长安事"？

想来，不过是无可奈何以求自保的掩耳之举罢了。

白居易还有一首诗，是写给当时的东都留守令狐楚的。令狐楚
要来履道里看他，与他约了个日期，于是他马上回了一封信，俨然
一个"请君休说长安事"的升级版本："应将笔砚随诗主，定有笙
歌伴酒仙。只候高情无别物，苍苔石笋白花莲。"

意思是我会用笔砚用笙歌用美酒用园林用湖石用才露尖尖角的
白花莲恭候你的大驾。

换言之，我这里没有政治，只有风月。

大约是为了避嫌和自嘲——令狐楚曾在十年前出任宰相，当时
被降为洛阳行政长官，官阶载沉载浮，但依然与士林关系密切，随
时都可能回长安。白居易已经主动退避，就再也不想被卷入朝堂斗
争之中。

当然，写诗相赠的时候，白居易还不知道，令狐楚将带给他一
份大礼——麒麟才子李商隐的到来，将成全他生命中最后一份灿若
黄金的友情。

白居易一生交友无数，但真正可以走进他的内心，成为他的赏
心知己的人，也不过三四个，先有元稹，再有刘禹锡，最后，就是
李商隐。

那个时候，白居易与李商隐之间，论名望论地位，都有着云泥

之别。

一个是天下谁人不识君，上至帝王，下至乞儿，人人会诵白诗；邻邦使臣将他的诗歌献给皇帝，即可加官晋爵；勾栏酒坊，艺伎们以会不会唱《长恨歌》论身价；大街上，有人浑身刺满他的诗，招摇过市，被称为行走的《白舍人行诗图》……

一个是初出茅庐，一介白衣，虽有才华，到底未曾成名。

但世间的感情，有白头如新，就有倾盖如故。爱情、友情都一样。

尤其是诗人的感情。感性和浪漫是成为诗人的第一要素，李白可以"三杯吐然诺，五岳倒为轻"，白居易一个在江州见了琵琶女就泪湿青衫的人，一个守着红泥小火炉，问朋友"晚来天欲雪，能饮一杯无"的人，自然也可以第一次见面就对李商隐青眼相加，将其引为赏心之人，与之畅谈心事，相交而忘年。

白居易还读了李商隐的诗。加上李商隐孤清如白鹤一般的面容，以及曾在江南成长而耳濡目染的精致与灵秀的气质，可谓让白居易惊为天人。

说到底，白居易在官场混迹了大半生，阅人无数，也阅才无数，见到李商隐，就知道眼前的年轻人与令狐楚不是一类人。令狐楚是他的故交，是卓越的政客，但李商隐，是天生的诗人。

所以，白居易必定也看出了令狐楚对李商隐的赏识和栽培，除了是对其才情的爱惜之外，还有政治投资和为令狐家族培植后备力量的成分。

令狐楚出身京兆儒素之家，五岁能写文章，二十多岁登进士第，凭借自己的才华、品行和风雷手段，他从幕僚做到了宰相，实现阶层的完美跃升。

《旧唐书》罗列了他的政绩：

赴任河阳节度途中，单骑前往怀州，劝说不愿随前任离镇、滞留此地的三千牙卒，使其解甲归顺，成为自己的前导；

任宣武节度使时，以私财捐公，废除苛法，以宽仁安抚骄横不满的宣武镇兵，使军民心悦诚服；

任天平节度使时，采取均富赡贫的办法救济灾民，使辖区内的流民数量大为下降；

任河东节度使时，根据民情调整政策，使百姓安居，"绥抚有方，军民胥悦"……

令狐楚最拿手的文体就是骈文。

骈文起源于汉末，在南北朝的时候最为盛行，因以四字六字相间成句，又被称为四六文，譬如庾信的《哀江南赋》，王勃的《滕王阁序》，都是骈文中的翘楚，"云销雨霁，彩彻区明。落霞与孤鹜齐飞，秋水共长天一色"便是千古名句。

骈文也是唐代公文的文体，讲究对仗的工整和声律的铿锵，但也因为句式的限囿，辞藻往往凌驾于内容与思想之上。如果三者合一，那便是难得的佳品。

史册上说令狐楚才思俊丽，能文工诗，"于笺奏制令尤善，每一篇成，人皆传讽"，被誉为庾信之后的骈文文宗，其骈文与韩愈的古文、杜甫的诗歌，又被某些学者列为中唐"三绝"。清人赞之："以意为骨，以气为用，以笔力驰骋出入，殆脱尽裁对隶事之迹，问之深于情也。"

正是因为出神入化的骈文功夫，令狐楚在太原幕府时被唐德宗看中，从而获得了步入朝堂的机会。到了宪宗时期，他起草的诏书依然深受皇帝认可，是国家公文的典范。后来，他被排挤外放，宪宗怅然若失。

那么李商隐是如何选择令狐楚的？

我们不得不承认，命运就是一场双向选择。

在十八岁少年的心里，他深信自己是明珠而非瓦砾，是鸿鹄而非蝴蝶，他需要的，只是一个慧眼识珠的人，一个展翅高飞的平台，从此好风凭借力，送我上青云。

但或许比那些伟大的政绩更让李商隐心动的，还有令狐楚在文学上的成就，以及令狐楚用他的文学才华成就仕途，一步一步为自己架起凌云之梯的过程。因为李商隐一度相信，那样的过程，是可以通过才华和努力复制的。

而当令狐楚读到李商隐的诗文时，立马就看出了李商隐是一块未琢之玉，是可以传承他骈文衣钵的人。

令狐楚把李商隐留在了身边。

李商隐成为令狐家三位公子的伴读，与他们一起读书，进一步为科举考试做准备。

同时，李商隐还正式成为骈文高手令狐楚的门生。令狐楚不遗余力地将自己的骈文技巧倾囊相授。

对于李商隐来说，令狐楚不仅是恩师，还是贵人。

令人悲欣交集的是，李商隐寻到了一位恩师，他的上一位恩师李处士，却在不惑之年因病故去了，极有可能，是身患某种秘而不宣的李氏家族的遗传病所致。

李商隐悲痛万分，后来在祭文中他写道："苦痛至深，永痛至深。"

但当时，在太和三年的春天，李处士生病的消息还未传到李商隐的耳朵里，李商隐在洛阳的空气中仿佛嗅到了人生中春天到来的气息。

初次涉世，他感觉一切都在按照自己的意愿发展。上天眷顾了他，若不然，为何令狐楚与白居易都对他相见恨晚，厚爱有加呢？

对于一个刚刚入世的少年来说，那无疑给了他巨大的自信与希望。

令狐楚的赏识，让他忍不住开始憧憬仕途。

白居易的亲近，则让他认为清艳绝伦的诗文与不蔓不枝、孤清自持又浪漫深情的性格，便是为人处世之道。

那么在洛阳，在履道里一次又一次的风流盛筵中，白居易又要如何告诉李商隐，世间有很多的事情，就像感情一样，不是通过才华和努力就能获取的？

就像二十年前，寒窗苦读二十年，在长安曲江的进士登科盛宴上，写下"慈恩塔下题名处，十七人中最少年"的白居易，听到有人说朝堂无情，党争凶险，人心是这个世界上最可怕的东西，又会相信吗？或者说，会甘愿止步不前吗？

且饮酒，不说也罢。

洛阳一杯鹤觞酒，洛娃双舞醉芙蓉。

而白居易能说给李商隐听的，或许就是人生在世，富贵风流皆如酒后春梦，但也必须自己亲身经历过，才知道值不值。

将军樽旁，一人衣白

李商隐壮志未酬身先死，一生官职卑微，情感朦胧，身世孤苦，却也正是因为人生郁郁不得志，而文思如夜莺咯血，在诗坛大放异彩，于是青青子衿，沉吟至今。

太和三年（公元829年）冬，有调令自长安来。

令狐楚晋升为检校右仆射、郓州刺史、天平军节度使、郓曹濮诸州观察使，将前往山东郓州（今东平县）上任。

如此，便意味着令狐楚又拥有了军政调度的权力，可以开府聘用幕僚了。唐代幕僚门槛虽低，却也要有功名在身。有了功名，才可以脱下身上的白衣，脱离平民百姓的身份。

多年后，李商隐在纪念令狐楚的文章中写道："天平之年，大刀长戟。将军樽旁，一人衣白。"

意思就是说，天平军中刀戟林立，越发衬托出令狐将军的威严。将军身边都是文官武将，只有我一个人身着白衣，没有功名。承蒙将军厚爱，让我在军中有了立足之地。

为了栽培李商隐，令狐楚破格给了李商隐一个官职，邀其到郓州去做天平军的巡官。巡官职位不高，却可以按月领取薪水，还可以时刻伴随府主左右，得府主言传身教，为府主起草公文，陪府主参加宴乐，前途似乎一片光明，蕴含着无限的可能。

> 微意何曾有一毫，空携笔砚奉龙韬。
>
> 自蒙半夜传衣后，不羡王祥得佩刀。
>
> ——《谢书》

对于人生中的第一份工作，李商隐非常满意。在这首《谢书》中，他对府主令狐楚的感激之情已溢于言表。

诗中用到两个典故。

一个是"半夜传衣"：

《六祖坛经》载，禅宗六祖惠能本是河北人，因其父流放岭南，一家人来到岭南居住。父亲去世后，惠能便在岭南山间打柴为生。

一天，惠能听到有人诵读《金刚经》，豁然开悟，于是辞别亲人去拜谒禅宗五祖弘忍，希望成就佛果。

三个月后，弘忍见到惠能，问他："汝何方人？欲求何物？"

惠能回："弟子是岭南新州百姓，远来礼师，惟求作佛，不求余物。"

弘忍说："汝是岭南人，又是獦獠（当时岭南被视为蛮夷之地，其人多以渔猎为生），若为堪作佛？"

惠能回："人即有南北，佛性即无南北，獦獠身与和尚不同，佛性有何差别？"

弘忍对惠能刮目相看，又怕弟子嫉妒惠能，便安排其到厨房春米。

八个月后，弘忍令众弟子各作一首偈，准备传付衣钵。

大弟子神秀作："身是菩提树，心如明镜台。时时勤拂拭，勿使惹尘埃。"禅寺竞相传颂。

但弘忍认为并未抵达本性。

惠能亦作一偈："菩提本无树，明镜亦非台。本来无一物，何处惹尘埃？"

弘忍心生欢喜。"见自本性，即得出世。"是夜，三更时分，弘忍召惠能到房中，用袈裟遮住灯光，在袈裟之下密授《金刚经》，并把衣钵传给了惠能。

另一个是"王祥得佩刀"：

史册载，东汉末年，山东琅琊人王祥以孝著称，为继母卧冰求鲤，在乡间隐居三十年。徐州刺史吕虔闻其名，将其召为别驾，又赠其佩刀，声称佩刀之主会登上三公之位，而王祥正好有公辅的器量。王祥到任后，吕虔把州政都委托给他。当时盗寇四处横行，王祥率领并鼓励士兵，讨伐盗寇，将其一一击破，州内因而清静无事，政令教化也推行无阻。后来，王祥果然迁任太常，封爵万岁亭侯，位至三公。

显然，在诗中，李商隐把自己比作惠能，把令狐楚比作了弘忍。令狐楚指导李商隐用骈文写奏章，将自身绝技一对一密授，时常到夜深人静，的确是打算让李商隐传承衣钵的。

　　之前，李商隐跟随李处士，学习的都是古体诗文。但如果要走科举之路，就必须精通今体。而要写出完美的公文，仅仅有好的文笔也远远不够，如何揣摩人心，如何审时度势，都是比文笔更重要的技艺。

　　令狐楚正是此中高手。李商隐自然听过令狐楚以骈文缔造的传奇——很多年前，河东节度使郑儋因暴病猝逝，军中一片混乱，兵变一触即发。子夜，一些将士带兵刃挟持令狐楚到军门，诸将环立四周，要他马上起草遗表。刀戟环立中，令狐楚一气呵成。念出遗表，将士们无不感动得痛哭流涕。于是军心大定，灾祸平息，令狐楚也名声大振。

　　对于李商隐来说，有恩主若此，能让他恭敬地捧着笔砚侍奉樽前，学得步入仕途的顶级技艺，那位获得佩刀的王祥又有什么好羡慕的呢？

　　只是，他现在还没有考取功名，还不曾报答恩主一丝一毫，不免内心愧疚。

　　　　　　　罢执霓旌上醮坛，慢妆娇树水晶盘。

　　　　　　　更深欲诉蛾眉敛，衣薄临醒玉艳寒。

　　　　　　　白足禅僧思败道，青袍御史拟休官。

　　　　　　　虽然同是将军客，不敢公然子细看。

　　　　——《天平公座中呈令狐令公，时蔡京在坐，京曾为僧徒，故有第五句》

几年后，在写给令狐楚的信件中，李商隐如此回顾在天平幕府的时光："每水槛花朝，菊亭雪夜，篇什率征于继和，杯觞曲赐其尽欢。委曲款言，绸缪顾遇。"

这首诗，正是李商隐在天平幕府的作品，也是后堂夜宴的一个时光切片。

从标题来看，当时，还有一个人与李商隐同坐，他的名字叫蔡京。

唐代蔡京没有宋代蔡京的名气，仅有三首诗被收录在《全唐诗》中。但他《咏子规》里的诗句"凝成紫塞风前泪，惊破红楼梦里心"正是《红楼梦》书名的由来。史书里对蔡京的记载也不多："蔡京，初为僧。令狐楚镇滑台，劝之学。后以进士举上第，官御史，谪澧州刺史，迁抚州。诗三首。"后来衍生出来的说法便是：蔡京是滑台人，自小出家为僧。令狐楚镇滑台时，有次在道场中见到蔡京，看他眉目清秀，进退不惧，便劝方丈将其还俗，让蔡京陪两个儿子读书。多年后，蔡京果然考取进士，一路登上高位，遭贬谪依然担任一州刺史。

曲水流觞，群贤毕至，宾客尽欢，那是多么令人难忘的情景啊，郓州天平军节度使府中的歌舞盛宴，自然不输洛阳履道里白府的风流。更何况，还有风花雪月和仙子一样的美人。

诗中的美人是一位曾经做过女冠的官妓，那一场火树银花的宴会中，她是当之无愧的女主角。

唐代风气开放，女子入道或女冠还俗都是习以为常的事情。官妓也并非勾栏中的性工作者，而是乐部的专业艺人，是一份并不用承受社会异样眼光的职业。

那位美人因为出色的舞技与容貌而被令狐楚收为小妾。隔着朦胧的灯火，她在宴会上展示曼妙的舞姿，只见她身着道袍，姿态轻盈，让宴会上的客人无不为之倾倒，就像置身仙境，忽逢水晶盘上，一株玉树盛开琼花。更深夜静时，只见她蛾眉微蹙，似有万千心事，欲诉还休。薄衣之下，她的玉骨冰肌又让人疑心是那广寒宫的嫦娥降临了人间。

她的美，可以让不染尘垢的禅僧思凡，眷念红尘；可以让严肃的青袍御史忍不住心生疏狂，为她休官。大家虽然都是将军的客人，但她是将军的爱妾，客人们还是不敢公然与之对视，更不敢亵渎她的美。

这首诗，其实也可以视为令狐楚对李商隐的一个小考察。

昔日唐玄宗召李白入宫，让李白为杨贵妃写诗。"云想衣裳花想容，春风拂槛露华浓"，李白一气呵成，让杨贵妃成了天下人心口的朱砂痣与解语花。李商隐在诗中算是给足了府主面子，多才多艺的身，倾国倾城的貌，只为将军一人敛眉。而且在体裁上，也是用的今体七言律诗。

这样的习作，不知道令狐楚是否满意？

> 桥峻斑骓疾，川长白鸟高。
>
> 烟轻惟润柳，风滥欲吹桃。
>
> 徒倚三层阁，摩挲七宝刀。
>
> 庾郎年最少，青草妒春袍。

——《春游》

　　太和四年（公元830年）春，令狐府喜鹊登枝，二公子令狐绹高中进士。

　　喜讯传到天平幕府，李商隐为令狐绹高兴之余，精神也为之一振。

　　春风得意马蹄疾，一日看尽"郓城"花。就是在这样的情感背景下，李商隐写下《春游》，少年意气呼之欲出。

　　在诗文方面资质平平的令狐绹尚能一举中第，那么对于自己以后的科举之路，李商隐不免信心倍增。

　　烟柳桃花，鹤舞长空，宝刀烈马，可追春风。

　　那一日，李商隐与一众幕僚春游郓城，他自比东晋庾翼，提刀四顾，踌躇满志。

　　庾翼风仪秀伟，弱冠之年以白衣身份守备石头城，被誉为经世大略之才。李商隐未及弱冠，虽然只是八九品的青袍巡官，却是心有鲲鹏，自信来日可以凭借才华，扶摇直上九万里。那样的志气，又岂是小小的青草可以比拟的呢？

　　　　　　池光忽隐墙，花气乱侵房。

　　　　　　屏缘蝶留粉，窗油蜂印黄。

　　　　　　官书推小吏，侍史从清郎。

　　　　　　并马更吟去，寻思有底忙。

　　　　　　　　　　　　——《赠子直花下》

子直即令狐绹。

令狐楚共有三个儿子见于史册：大儿子令狐绪，自小患有风痹，在父亲的庇荫下获得一份官职；二儿子令狐绹与李商隐关系最为要好，进士登科后一路高升，直到走上相位；小儿子令狐纶官至左武卫兵曹参军。

在李商隐写给令狐绹的这首诗里，我们又可以看到，这个时候，他与令狐绹之间的关系是可以相互戏谑的。

池光与花气都代指男女幽会的意象，令狐公子处处留情，如蝴蝶流连于"花丛"之中，又如蜜蜂孜孜不倦采集人间花蜜。

每次出行，令狐公子都会将官府中的文件推给身边的小吏处理，然后带上侍史，两马并行，吟诗酬唱，那样的风流与潇洒，怕是春风也会妒忌吧？

在令狐楚幕府中，李商隐对令狐楚心怀感恩，毕竟还是隔着身份与辈分的距离。

但令狐绹不一样，他是可以成为李商隐的知己和朋友的。

李商隐也一直渴望与其保持"元白"那般可欺金石的情义。

在一段关系中，人一旦付出热切的期待与真挚的感情，就会想着如何将那段关系变得长久，坚韧，始终如一，就会希望收获弹力一般精准的回应。

所以，当有一天，李商隐发现自己努力多年，科举之路依然未曾向他打开大门，他不禁陷入到自我怀疑的泥淖之中。

就像有一天，他与令狐绹之间产生了误会与嫌隙，关系再也回不到从前，他不禁心如刀割，只觉人生黯然失色。

在令狐家，蔡京与李商隐的身份其实差不多，但显然，他们两个人的性格很不一样。这便决定了两个人命运的截然不同。

蔡京理性，从不在情感上有任何的越界，恩人就是恩人，主人就是主人，他对令狐家只有一心一意的忠诚。步入仕途后，他一直是牛党的中坚力量，对令狐家唯命是从。

这些，感性的李商隐永远都学不会。他步入仕途后，很快身不由己地被卷入两党的夹缝之中，于是后半生都活得小心翼翼，进退两难。

理性与感性，常常意味着对立。

而他们，一个是理性得可谓冷血，一个是感性得近乎天真。

蔡京后来官至岭南西道节度使，但他为政苛惨，竟然在军中设炮烙之刑，最后被军士驱逐，落得被腰斩的下场。

李商隐壮志未酬身先死，一生官职卑微，情感朦胧，身世孤苦，却也正是因为人生郁郁不得志，而文思如夜莺咯血，在诗坛大放异彩，于是青青子衿，沉吟至今。

性格即命运，诚不我欺也。

凌云一寸心

　　　　最大的打击，其实并不是落榜本身，而是来自心底那大山一般的愧疚，泥淖一般的自我怀疑，以及"远谢鸡鸟，高辞鳣鲔，逶迤波涛，冲唳霄汉"的志在与平庸人生决裂而不得的痛楚。

　　李商隐第一次来到长安，是在太和四年（公元830年）的冬天。

　　跟着令狐楚学习近两年，是时候一试身手了。

　　按照唐代《通典·选举典》的流程，每年仲冬时节，郡县都会通过考试选拔一批特别优秀的贡士上京赶考。

　　"呦呦鹿鸣，食野之苹。我有嘉宾，鼓瑟吹笙……"临行前，郡县会举行盛大的仪式，奏管弦之乐，行乡饮酒礼，歌《鹿鸣》之诗，为贡士们祈愿与践行。若有贡士登科，那是郡县的荣耀，郡守还可能获得皇帝的嘉奖，反之，郡守便有眼光拙劣或徇私舞弊之嫌，是要担责的。

　　如此，在令狐楚的资助与安排下，李商隐以郓州贡士的身份前往京城备考，只为一举中第，展翅高飞，报答令狐楚的恩情。

唐代科举分为明经科和进士科。相对来说，进士出身政治前途更好。所谓"三十老明经，五十少进士"，进士科考试要比明经科难得多，评选标准也更为严格，不仅要考帖经墨义，还要考时务策论、诗赋文章，那么就算五十岁考取进士，也依然算是年轻。要知道每年全国各地千余名贡士应考，最后录取的不过区区十几个，竞争非常激烈。韩愈被后人誉为一代文宗，却是考了四次才考上，白居易当年及第已年近而立，还是"十七人中最少年"。

李商隐参加的正是进士科举。

进士科举难于上青天，青天之上，却有无限天地。

所以正式考试虽然在来年的春天，但贡士们一般在秋冬季节就来到了长安。因为在礼部公开的春试之前，考生们还要经历一个"行卷"的流程。

行卷，也成了冬天的长安城一道独特的风景线。

行卷是什么呢？

在唐代科举考试中，行卷算是一个不成文的规定，却是一个极为重要的环节，将直接决定科场上的等第。

因为唐代科举并不匿名，考官不仅会根据考场的临时发挥来评定考生的成绩，还会参考考生平时的声名与文章。而且，地方长官、文坛巨擘、朝廷大员以及与主考官关系特别密切的公卿，都拥有向主考官推荐举子的权利。如是，举子们为了获得考场外更多的加分，都会在考试前把自己的诗文装订成册，去拜谒心仪的公卿，久而久之，形成风尚，便成了"行卷"。

行卷虽无明文规定，但实质上极为讲究。行卷的内容贵精不贵多，必须是自己最得意的作品。行文中要避国讳、宰相讳、主试官讳、投献对象之家讳及自身家讳，否则就有可能前功尽弃。为了公平和避嫌，举子不能直接向主试官行卷。行卷可找显达人士，但也要仔细考虑对方的政治立场，不能与主考官相悖，可谓目光要锐利且长远。行卷之卷最好用熟纸，不涂改不添注，书法要好，再加上一封言辞恳切的书信，以为自己获得好感……

元稹当初获得第一名，就是因为《莺莺传》的加持。笔记小说中写白居易少年时也找过给事中顾况行卷（实际上并不是顾况），顾况还打趣过他的名字："白居易这名字有意思。只是京城米贵，居长安，大不易啊！"不过，当顾况看到白居易的第一首诗："离离原上草，一岁一枯荣。野火烧不尽，春风吹又生。"又赶紧改口说："有才若此，居天下易，老夫前言，玩笑话而已。"

再往前一点，杜甫也曾为了自己的理想而去行卷。在杜甫的诗中，我们可以看到，每当科举考试前夕，行卷的举子们就会身着素净的白衣，带着自己最满意的作品，排着队，恭敬地等候在公卿大臣的朱门之外。通常那个时候，公鸡还在打鸣，梧桐正在叶落，冬天的清晨寒意入骨，十年寒窗无人问，一举成名天下知，举子们因为心里装着对朝堂的渴望，便也不觉得有多么心酸。

李商隐去行卷了吗？

应该是去过的。

极有可能，令狐绹还将自己行卷的经验告诉过李商隐。

但李商隐到底还是缺了一点运气，或者说，缺了一点世故之气。在后来写给一位朋友的信中，他感叹道，自己前去行卷，那些慷慨激昂的家国之思，呕心沥血的报国之策，要么是被别人不屑地丢在一旁，要么就是被别人读错了句读。

显然，在长安，他并没有再次遇见伯乐和贵人的好运气。

但行卷不顺，他也不愿意低下头颅，想方设法寻求权贵达官的援引。他依旧恪守着光明而清白的为人处世的法则，后来，干脆不再行卷。

奈何科场之上，他写起试卷来胸有成竹，妙笔生花；科场之外，却处处碰壁，一次又一次地跌回原地。

太和五年（公元831年）的春天，李商隐科举之路首次失利，他没有在皇榜上看到自己的名字，只能铩羽而归。

在郓州，令狐楚打开怀抱迎接了李商隐，待那个有望继承自己衣钵的人依然如初。

与其说令狐楚相信李商隐的才华，不如说他相信自己的眼光。他告诉李商隐，首战失利，不必介怀，等秋冬到来，他会打点好一切，再次资助李商隐进京。

但在太和六年（公元832年）的春天，李商隐再次落榜。

这个时候，令狐楚已经被调往了山西太原，任太原尹、北都留守、河东节度使。

　　不审近日尊体何如？太原风景恬和，水土深厚，伏计
调护，常保和平。某下情无任忭贺之至。丰沛遗疆，陶唐
故俗，自顷久罹愆尤，颇至荒残。轩车才临，日月未几，
旱云藏燎于天末，甘泽流膏于地中。堡鄣复完，污莱尽
辟。此皆四丈膺灵岳渎，禀气星辰，系庶有之安危，与大
君之休戚。再勤龙阙，复还凤池。凡在生灵，冀在朝夕。
伏惟为国自重。

——《上令狐相公状》

　　在这封长安寄往太原的邮件中，李商隐称令狐楚为"四丈"
（令狐楚在家族中排行第四），从情感方面来说，俨然一封家
书——少年丧父的他对令狐楚，确实有一份儿子对父亲的敬重。

　　李商隐首先问候了令狐楚的身体——令狐楚年近古稀，依然壮
心不已，然养怡之福，方得永年，李商隐认为太原正是一个好地
方，可安定身心。

　　随后，李商隐对令狐楚调任太原表示诚挚的祝贺。太原与唐帝
国渊源颇深，一直被誉为帝王之乡，龙兴之地。太原在唐代又被称
为北都，与西都长安、东都洛阳有着同样重要的政治地位。尧就是
在河东陶唐部落担任首领，然后成为上古五帝之一。太原也是唐高
祖李渊的封地，是李氏起兵争天下的地方，唐帝国的名字便由此而
来。太原，还是令狐楚的第二故乡，他的父亲曾在太原做官，他便
在太原求学，成年后以太原贡士的身份一举成名。

　　对于令狐楚来说，坐镇太原，无异于一种荣归，的确是值得

庆贺的。当时白居易和刘禹锡也都写了贺诗寄来，其中就有"青衫书记何年去，红旆将军昨日归"的句子，称赞令狐楚今非昔比的荣耀，同时祝福老朋友"再为苍生入紫微"。

史册上记载，太原百姓和军中的将士都很欢迎令狐楚的到来："楚始自书生，随计成名，皆在太原，实如故里。及是秉旄作镇，邑老欢迎。楚绥抚有方，军民胥悦……"

所以李商隐接下来赶紧颂扬令狐楚的政绩：听闻太原久旱不雨，田地眼看就要荒芜，百姓们叫天不应，叫地不灵。幸而有四丈到来，太原的日月山川都为之一新，且很快天降甘霖，四野焕发生机，百姓免于饥荒。四丈心系百姓安危，与天子休戚与共，您是社稷的栋梁，为一方土地带来生机与希望。为了国家，您一定要保重身体。

在朋友们祝福令狐楚飞得更高的时候，只有李商隐关心他的四丈飞得累不累。

　　某才乏出群，类非拔俗。攻文当就傅之岁，识谢奇童；献赋近加冠之年，号非才子。徒以四丈东平，方将尊隗，是许依刘。每水槛花朝，菊亭雪夜，篇什率征于继和，杯觞曲赐其尽欢。委曲款言，绸缪顾遇。自叨从岁贡，求试春官，前达开怀，后来慕义。不有所自，安得及兹？然犹摧颓不迁，拔刺未化；仰尘裁鉴，有负吹嘘。倘蒙识以如愚，知其不佞，俾之乐道，使得讳穷，则必当刷理羽毛，远谢鸡乌之列；脱遗鳞鬣，高辞鳣鲔之群。逶迤波涛，冲唳霄汉。伏惟始终怜察。

——《上令狐相公状》

在信件的第二段，李商隐自谦地表示自己才疏学浅，十岁才开始写文章，快二十岁了才拿着诗赋去拜谒令狐楚。继而感恩令狐楚的眷顾，回忆在天平军幕府的时光（东平，即天平，令狐楚镇东平时，奏请将东平改为天平，取天下太平之意）。又将令狐楚比作修建黄金台招募天下贤才的燕昭王和荆州刺史刘表，把自己比作自荐燕王的郭隗和投靠刘表的王粲。在郓州，令狐楚资助他进京春试，他将永志不忘四丈的慷慨与高义。

"但是，我又一次失利了，辜负了您。"——不知道李商隐是怀着怎样的一种心情，将自己落榜的消息寄往太原的？

应该是带着关怀和感恩，带着愧疚与自省，带着期盼与自信，或许，也带着不甘与试探。

李商隐认为自己并非真的愚蠢，而是因为不善于交际。希望令狐楚可以察知其情而怜惜，也希望可以继续获得令狐楚的信任与支持，并在信中许下承诺，一定会静下心来温习功课，早日一飞冲天，实现凌云之志。

令狐楚又一次向李商隐打开了怀抱。

只是，在太和七年（公元833年）的春天，令狐楚第三次收到了李商隐落榜的消息。

> 嫩箨香苞初出林，於陵论价重如金。
>
> 皇都陆海应无数，忍剪凌云一寸心。
>
> ——《初食笋呈座中》

或许后来在兖州幕府写下的这首诗，可以准确地表达李商隐当时落第的心情。

那一次宴席上，李商隐第一次品尝到山东於陵的嫩笋。

春笋属于於陵的山珍，味道鲜嫩可口，尤其是春天的第一茬笋，更是人间美味，价比黄金。

屡次不第的李商隐却在一根春笋身上，看到了自己的命运。

长安是天下陆海之地，物产富饶，竹笋不过是家常之物，到了山东，竟价比黄金，一如他在长安不被珍视，到了兖州幕府，竟成了座上宾。

但即便如此，笋也本应在山林之间自由自在地生长，长到高耸入云。人们偏要为了自己的口舌之欲，去山中残忍地剪下破土的竹笋，剪下一寸凌云之心。

而在长安应试时，李商隐早就听说过，几年前，有个叫刘蕡的贡生在考时务策时，因为写的是宦官乱政的策文而被永远列入考官的秘密黑名单。"刘蕡不第，我辈登科，实厚颜矣！"中第者皆为其抱不平。据说刘蕡的策文写得文采飞扬，可谓惊天地泣鬼神，却奈何触及了大唐最敏感的那个病灶。没有人敢得罪宦官，让一名籍籍无名的考生落榜，却是考官与考官之间拥有的最大的默契。

还有李贺，被李商隐视为偶像的李贺。

李贺十八岁诗名远播，二十一岁赴长安参加礼部春试，却有妒其才者放出流言，声称李贺父名"晋肃"，李贺参加进士科举，"进"犯"晋"之名讳，是对其父的大不敬，李贺只好愤离试院。

二十一岁的李商隐，同样科举不顺。多年以后，会不会有人说起一个叫李商隐的贡士，空有凌云的心意与才华，却因为不识时务，不懂交际，不自诧才华，被主考官一而再、再而三地舍弃，那又是一个怎样令人唏嘘的故事呢？

李商隐只能苦笑。

三次上京，三次失利，李商隐深受打击。

最大的打击，其实并不是落榜本身，而是来自心底那大山一般的愧疚，泥淖一般的自我怀疑，以及"远谢鸡鸟，高辞鳢鲔，逶迤波涛，冲唤霄汉"的志在与平庸人生决裂而不得的痛楚。

与此同时，令狐楚被调往长安任职，也就意味着，他不再有开府招聘幕僚的权力。

"驿途仍近节，旅宿倍思家。独夜三更月，空庭一树花。"

于是，在寒食节前夕，李商隐回到了荥阳。

空庭春欲晚，读书不开门。那段时间，他与家人在一起，用亲情与诗书，慢慢消磨孤独和时间，慢慢等待下一次科举，及第、得官，与恩公在人生更高处相见。

君子之泽

秋阴终于化作秋雨，落到池中，雨打枯荷，尽是萧瑟之声。他喜欢看那枯荷，凋零之美，傲骨之美，寂静之美，与牡丹完全不同。是一种令人叹息的美。

如果真有命理一说，那么李商隐考试运欠佳，但贵人运一直亨通。

从李处士到令狐楚，似乎在他落魄的时候，总有人为他打开怀抱，送去机遇和温暖。

太和七年（公元833年）落榜之后，李商隐又遇到了一位贵人，那就是令狐楚的旧部，时任郑州刺史的萧澣。

史册里对萧澣的记载，多是关于他在朝任给事中时参与了牛党卖官鬻爵的勾当。为了打击牛党的气焰，唐文宗从山南西道召回李党领袖李德裕，希望在两党相互制约的空隙里夺回几分皇权。很快，但凡有把柄可抓的牛党骨干们都被驱逐出了朝廷，其中就包括萧澣。

而令狐楚回到朝中，被各种复杂的关系搞得焦头烂额之时，依旧没有忘记为李商隐铺路，他写信给萧澣，请求萧澣照拂李商隐。

就这样，在那个春草如碧丝的季节，两个失意之人相遇了。

一个官场失意，一个科场失意，万千愁绪，足以绕城三匝。

　　　　花明柳暗绕天愁，上尽重城更上楼。

　　　　欲问孤鸿向何处，不知身世自悠悠。

　　　　　　　　　　　　　　　　——《夕阳楼》

在郑州刺史任上时，萧澣令人在城墙之上修建了一座楼，名曰"夕阳"。

夕阳楼建成后，雄伟壮丽，成为郑州胜景，很多文人墨客都曾在那里登高望远，饮酒赋诗。

或许在很多个花明柳暗的日子，夕阳西下的黄昏，李商隐都和萧澣在一起，登楼饮酒，感叹各自的命运、朝堂的风向、帝国的明天。

他们沿着城墙拾级而上，站在夕阳楼顶，即可俯瞰整个郑州，黄昏时分，沐浴在夕阳的余晖里，疑心置身流金之城。

"秋吟小山桂，春醉后堂萱"，离开令狐楚之后，李商隐受到萧澣的礼遇，心中倍感温暖。

不知不觉间，他们之间又有了惺惺相惜的知己之情、忘年之谊。

时间流逝，不舍昼夜。

几个月后，萧澣被召回长安，内迁刑部侍郎。临行前，萧澣给华州刺史崔戎写了一封信，极力推荐李商隐。

朝堂风浪迭起，前程变幻莫测，萧澣也不知道自己下一次会去哪里，等待他的又是什么。

一年后，萧澣果然遭贬，将远赴西南，到遂州担任刺史。

又一年后，萧澣被贬为遂州司马。

得到消息时，李商隐正逢人生中第四次应举失利。他从长安返回荥阳，辗转郑州，物是人非，便越发觉得孤独和感伤。

那一日，他再登夕阳楼，看到一只孤鸿飞过天际，不知要去往何方。

夕阳之楼，青云路远，他想起曾经与萧澣在楼上互诉衷肠，看城中垂柳依依，桃李的花光刺疼眼睛，不禁思绪万千。遂写下《夕阳楼》感叹身世。

开成元年（公元836年）夏，萧澣在遂州贬所郁郁离世，李商隐悲愤不已，遂写下情真意切的悼亡诗，字字如泣，恸哭恩公。

在李商隐心里，萧澣心系朝廷，无奈身处党争旋涡，被奸人诬蔑迫害，成了政治斗争的牺牲品。

既然前路风起云涌，遍布陷阱与阴谋，李商隐还会保持科举的初心吗？

在他写给萧澣的悼诗中，或可窥见一二："自叹离通籍，何尝忘叫阍。不成穿圹入，终拟上书论。多士还鱼贯，云谁正骏奔。暂能诛俊忽，长与问乾坤。"

意思是萧澣因为蒙受冤屈而被脱去朝籍，贬去遂州，如今萧澣郁郁而终，自己虽不能从死，但绝不会忘记日后为其鸣冤。可叹朝中那么多的人，却没有谁可以为萧澣伸张正义。陷害萧澣的人已经伏法了，萧澣身上的冤情何日才能昭雪呢？

果然满身正气与善意，且初心不改。

因为他相信，世间所有的冤屈都可以被昭雪。

他相信正义。

也就依然相信，自己的初心永远都不会被残酷血腥的现实改变，不会在尔虞我诈、倾轧排挤的朝堂上被一点一点地消磨殆尽。

太和七年（公元833年）秋，李商隐生命中的第四位贵人出现了，还为他带来了幕僚生涯中的最高礼遇——因为萧澣力荐，华州刺史崔戎派儿子亲临荥阳，重金为聘，迎接李商隐去其幕府任职。

屡试不第又缺少经济来源的李商隐答应了。

而崔戎，不仅是萧澣的故友，还是李处士的表兄弟，李商隐的远房表叔。除了要给萧澣一点面子，给表亲一点人情，崔戎也是真心喜欢李商隐的才华。

崔戎是历史上有名的清官，曾明经进士两科登第，而且与令狐楚一样，也是朝中有名的骈文高手，也在家族中排行第四，也对李商隐青眼有加。

李商隐进入崔戎幕府后，又幸运地成为崔戎的学生，继续跟着崔戎学习骈文技巧，他的骈体公文很快到达了登堂入室的境界，一篇《代安平公华州贺圣躬瘳复表》，足以令整个华州幕府交口称赞。

崔戎教李商隐撰写公文、揣摩圣意，不觉从破晓到了日暮，只好免去两次衙吏参见的时间，所以是"极力提携，悉心指教，以得内夸亲戚，外托友朋""华州留语晓至暮，高声喝吏放两衙"。

甚至可以说，崔戎对李商隐的爱惜与栽培，比起令狐楚来，更是有过之而无不及，简直把李商隐当成亲生儿子一般看待。

为了让李商隐的科举之路更为顺遂，崔戎亲自骑马送李商隐出城，去终南山的一座古寺中与他的子侄们一起温习学业，并嘱咐和开解李商隐，科举之路，道阻且长，自当从长计议，万勿操之过急。

如此，当曾经的御史中丞宇文鼎有意招揽李商隐为其效力时，李商隐坚定地拒绝了。对崔戎，他无以为报，只能倾尽所能为幕府工作，然后在必要的时刻，奉献内心最炽热的忠诚。

> 明朝骑马出城外，送我习业南山阿。
>
> 仲子延岳年十六，面如白玉欹乌纱。
>
> 其弟炳章犹两卯，瑶林琼树含奇花。
>
> 陈留阮家诸侄秀，逶迤出拜何骈罗。
>
> 府中从事杜与李，麟角虎翅相过摩。
>
> 清词孤韵有歌响，击触钟磬鸣环珂。
>
> 三月石堤冻销释，东风开花满阳坡。
>
> 时禽得伴戏新木，其声尖咽如鸣梭。
>
> 公时载酒领从事，踊跃鞍马来相过。

仰看楼殿摄清汉，坐视世界如恒沙。

面热脚掉互登陟，青云表柱白云崖。

一百八句在贝叶，三十三天长雨花。

——《安平公诗》

那是太和八年（公元834年）的春天，李商隐人生中又一个闪闪发光的季节——安平公崔戎（崔戎乃博陵安平人）到终南山来看望习业的子侄们，成了李商隐记忆里的盛事。

在诗中，李商隐还描述了崔家两位公子的霞姿月韵——多年后，人们将在李商隐的另一首诗的诗名里看到他们的名字，崔雍与崔衮，以及读到"秋阴不散霜飞晚，留得枯荷听雨声"的佳句。

十六岁的崔雍丰神俊秀，美如冠玉，有独孤信当花侧帽的风流；十岁左右的崔衮头上还扎着两只角辫，却也瑶林琼树，容貌与才智都卓尔不凡，有着魏晋时期陈留阮家子弟的风采。

崔戎来终南的时候，马蹄嘚嘚，山溪涣涣。

三月，终南冰雪已化，小南风吹拂，遍野都是山花，飞鸟们在新发的树枝上嬉戏，叫唤声此起彼伏，清脆如梭声。

崔戎不仅带来了美酒，还带来幕府中的两名从事杜胜和李潘。

杜、李是凤毛麟角一般的人物，才华不相上下。大家在一起切磋诗词文章，阅读浩如烟海的佛典，直到山寺磬鸣，如环如珂。

夜间，仰面看寺中的楼殿，站在最高处，似乎可以手舀银河。

静心打坐的时候，物我两忘，整个世界又都成了恒河的流沙。

翌日，大家一起向更高处攀登，沿着悬崖，一直到白云深处。

是时，梵呗响起，如置须弥山顶，得见世尊，天雨百宝莲花，青黄赤白，纷纷落下。

> 长者子来辄献盖，辟支佛去空留靴。
>
> 公时受诏镇东鲁，遣我草诏随车牙。
>
> 顾我下笔即千字，疑我读书倾五车。
>
> 呜呼大贤苦不寿，时世方士无灵砂。
>
> 五月至止六月病，遽颓泰山惊逝波。
>
> 明年徒步吊京国，宅破子毁哀如何。
>
> 西风冲户卷素帐，隙光斜照旧燕窠。
>
> 古人常叹知己少，况我沦贱艰虞多。
>
> 如公之德世一二，岂得无泪如黄河。
>
> 沥胆咒愿天有眼，君子之泽方滂沱。
>
> ——《安平公诗》

然而是年三月底，原兖海节度使过世了。

兖海，"古为诗书俎豆之乡，今兼鱼盐兵革之地"，谁可坐镇？

朝廷选中的人正是崔戎，接着又废节度使设观察史，掌管兖、海、沂、密四州。

兖海观察史治所在兖州，与华州相隔千余里之遥。崔戎打算四月初出发，星夜兼程，便可在端阳节抵达山东。怎料华州百姓得到消息后，都跪在路边，挡在车马前，请求崔戎不要离任，还有人脱掉了崔戎的一只靴子来挽留他。崔戎是位勤政爱民的好官，百姓心明如镜。

如此，崔戎只好含泪在夜间悄悄离开。

崔戎邀请李商隐到兖海幕府担任观察支使兼掌书记，即机要秘书，幕府中最重要的职务。李商隐欣然追随，一路负责代拟各种奏表与公文。

临行前，李商隐已经拟好《为安平公谢除兖海观察使表》：

> "臣幸逢昭代，本自诸生，文以饰身，学实为己。宁韫玉而待贾，窃运甓以私劳。春闱再中于明经，天官一升于判第。阶级甚薄，际会则多，芸阁雠书，蓝田作吏。中间因依知己，契阔从军。其后超属宪司，骤登郎署。埋轮而出，高悬八使之威；起草以居，远谢三台之妙。每含香而自叹，常慁被而待行……"

这篇谢表后被收录在《全唐文》中，辞采焕然，真诚熨帖，读来华丽扑面，韵律如大珠小珠落玉盘，可谓骈体公文的模本。

在路上，李商隐还拟了一份《为安平公赴兖海在道进贺端午马状》；一到兖州，又马上代拟《为安平公兖州谢上表》。

诗中有一句"顾我下笔即千字，疑我读书倾五车"，就是说李商隐撰写奏表各种典故信手拈来，措辞得体大方，下笔如有神，洋洋千言，倚马可待。可见，李商隐代草公文的才华与技艺都已炉火纯青，如此便给崔戎留下了学富五车的印象，让崔戎越发深爱其才。

也难怪后来有人编排他是"獭祭鱼"式的写作，因为在平常人看来，那么密集贴切地使用典故，除了博闻强识的功夫外，肯定是窝在书房里飞快地查阅资料，身边摆满典籍，就像水獭在春天把鱼一条一条摆放岸边，行祭祀之礼。

就像江淹六岁能诗，才华横溢，也被人说成是在梦中接受了仙人所赠的彩笔。仿佛这样才是"合理"的——那么平凡如你我，没能写出传世的文章，不过是因为没有得遇仙人和没有过分努力，只是欠缺了一点运气和繁复的工作量而已……

李商隐所拟的奏表都将快马加鞭抵达宫中。

他是否会特别期待来自长安的消息？

他从未忘记昔日令狐楚因所拟奏表而被皇帝相中自此平步青云的传奇，也听说过穆宗因为喜欢元稹的文采而将其纳入身边，却不知年纪轻轻的文宗皇帝已经被愁病折磨得虚弱不堪。

端午节到来的时候，有朝中使臣到兖州奉宣恩旨，赐崔戎"手诏一通，兼前端午紫衣、银器、百索并大将衣者"，对李商隐只字未提。

那个时候，李商隐身上的光芒，似乎只在崔戎眼里闪烁不已。以至于崔戎临终前特别指定李商隐为他代拟《遗表》，那是一位臣子对国家对皇帝最后的交代，要求极高，也极有可能要铭刻于青史。

"五月至止六月病，遽颓泰山惊逝波"，如诗中所写，崔戎五月到兖海，六月就病故了。原因是暴染霍乱，从发病到加剧再到过世，仅一天的时间。对于李商隐来说，崔戎的离去让他猝不及防，也带给了他山崩海啸的悲伤。

李商隐又回到了荥阳。

第二年，即太和九年（公元835年）六月，李商隐徒步前往长安凭吊崔戎。在崔戎的故宅，他看到的是"西风冲户卷素帐，隙光斜照旧燕窠"，不免泪流成河。

于是写下感人肺腑的《安平公诗》，追忆崔戎的知遇之恩、君子之泽，感叹世事的变幻无常、人走茶凉。

> 竹坞无尘水槛清，相思迢递隔重城。
>
> 秋阴不散霜飞晚，留得枯荷听雨声。
>
> ——《宿骆氏亭寄怀崔雍崔衮》

一次，李商隐夜宿骆氏亭，窗外竹林摇曳，窸窸窣窣，似可摇落尘垢，天地之间仅余秋声。

秋阴沉沉，悬而不散，一场霜降，尚在途中。

李商隐想起崔戎的两位公子。昔日他们在兖州分开，崔雍、崔衮扶柩回博陵（今河北定州）为父亲丁忧，李商隐则回荥阳奉母，从此远隔重城，相思迢递，锦书难托。

秋阴终于化作秋雨，落到池中，雨打枯荷，尽是萧瑟之声。

他喜欢看那枯荷，凋零之美，傲骨之美，寂静之美，与牡丹完全不同。

是一种令人叹息的美。

那个时候，他或许还在为自己第四次科举落榜而感伤。

却不知道，几个月后，朝堂之上就会风云再起，整个长安都将血雨倾城，他渴望为之效忠、为之发光发热的帝国，也将再遭摧残，慢慢走向凋零的结局。

第二幕
我是梦中传彩笔

李商隐仕途坎坷，仍不坠青云之志。然而，甘露之变，对他的思想感情造成巨大震撼。之后，令狐楚的去世，更是成为他人生的重大转折。

卿卿柳枝

他当然不知道，后来，他与柳枝的故事，也会成为一个典故，被后世深情或薄义的诗人们引用了又引用，流下或真或假的眼泪。

柳枝是谁？

在李商隐的诗文中，她是洛阳一位富商的女儿，与他有过一见钟情的缘分。

抑或，柳枝只是和"谢娘""莺莺"一样，是一个情感的代号，在李商隐心里代表着美好、相思与遗憾，而诗人的笔，则小心翼翼地隐去了恋人的真名。

如果那个春天，她没有听到李商隐的诗，或许她就会无忧无虑、醉眠梦物地过一生。

如果李商隐没有把她记在诗文中，她也只是一个湮没在历史尘埃中的小女子，不会成为令世人心弦一颤的名字。

但是，没有早一步，没有晚一步，他们就那样遇见了。

　　柳枝，洛中里娘也。父饶好贾，风波死湖上。其母不念他儿子，独念柳枝。

　　生十七年，涂妆绾髻未尝竟，已复起去，吹叶嚼蕊，调丝撆管，作天海风涛之曲，幽忆怨断之音。

　　居其傍，与其家接，故往来者，闻十年尚相与，疑其醉眠梦物断不娉。

　　余从昆让山，比柳枝居为近。

　　他日春，曾阴，让山下马柳枝南柳下，咏余《燕台》诗。

　　柳枝惊问："谁人有此？谁人为是？"

　　让山谓曰："此吾里中少年叔耳。"

　　柳枝手断长带，结让山为赠叔乞诗。

　　明日，余比马出其巷，柳枝丫鬟毕妆，抱立扇下，风鄣一袖，指曰："若叔是？后三日，邻当去湔裙水上，以博山香待，与郎俱过。"

　　余诺之。

　　会所友有偕当诣京师者，戏盗余卧装以先，不果留。

　　雪中，让山至，且曰："为东诸侯取去矣。"

　　明年，让山复东，相背于戏上，因寓诗以墨其故处云。

　　　　　　　　　　　　　　——《柳枝五首并序》

李商隐写的这个序，就像一部爱情的微电影，春意在光影间弥漫，记忆如烟舒卷，让人久久不能释怀。

柳枝姑娘生活在洛阳的某个里坊，那是商贾们居住的地方。按照唐代阶级排序，士农工商，商人的地位是最底层的。但地位并不妨碍积累财富，柳枝从小生活富足，父亲过世后，柳枝的母亲更是对柳枝怜爱不尽。

在这样的家庭长大，柳枝个性天真又特立独行。

十七岁的姑娘，在旁人眼中正是合适婚配的年龄，应该每天坐在闺房里温习女红，梳妆打扮。柳枝志不在此，她喜欢音乐，喜欢诗词，若灵感到来，即便是坐在铜镜前，头发才梳了一半，脸上的妆还没有化完，也会马上站起身去弹奏乐器，沉浸在自己的世界里，"作天海风涛之曲，幽忆怨断之音"。

柳枝是一位天生的艺术家，是明珠璞玉，可惜她生活的圈子里，并无识珠的慧眼。

大家都认为，十年来，柳枝与现实相隔太远，整日只沉心于乐器，犹如活在醉梦之中，便一直没有人来提亲下聘。

那一年，因为要进京赶考，李商隐途经洛阳，借宿在从兄李让山家中。

柳枝，正是李让山的芳邻。

有一天，春风吹面不寒，天空中飘浮着大朵大朵的云，一株南柳细叶萌发，枝条在风中曳动，犹如少女荡漾的情思。

南柳树下，李让山下马休憩，想起李商隐的《燕台》，心有感触，不禁高声吟诵起来……

风光冉冉东西陌，几日娇魂寻不得。

蜜房羽客类芳心，冶叶倡条遍相识。

暖蔼辉迟桃树西，高鬟立共桃鬟齐。

雄龙雌凤杳何许，絮乱丝繁天亦迷。

醉起微阳若初曙，映帘梦断闻残语。

愁将铁网罥珊瑚，海阔天翻迷处所。

衣带无情有宽窄，春烟自碧秋霜白。

研丹擘石天不知，愿得天牢锁冤魄。

夹罗委箧单绡起，香肌冷衬碃碃佩。

今日东风自不胜，化作幽光入西海。

前阁雨帘愁不卷，后堂芳树阴阴见。

石城景物类黄泉，夜半行郎空柘弹。

绫扇唤风阊阖天，轻帏翠幕波洄旋。

蜀魂寂寞有伴未？几夜瘴花开木棉。

桂宫流影光难取，嫣薰兰破轻轻语。

直教银汉堕怀中，未遣星妃镇来去。

浊水清波何异源，济河水清黄河浑。

安得薄雾起缃裙，手接云軿呼太君。

月浪衡天天宇湿，凉蟾落尽疏星入。

云屏不动掩孤嚬，西楼一夜风筝急。

欲织相思花寄远，终日相思却相怨。

但闻北斗声回环，不见长河水清浅。

金鱼锁断红桂春，古时尘满鸳鸯茵。

堪悲小苑作长道，玉树未怜亡国人。

瑶琴愔愔藏楚弄，越罗冷薄金泥重。

帘钩鹦鹉夜惊霜，唤起南云绕云梦。

双珰丁丁联尺素，内记湘川相识处。

歌唇一世衔雨看，可惜馨香手中故。

天东日出天西下，雌凤孤飞女龙寡。

青溪白石不相望，堂上远甚苍梧野。

冻壁霜华交隐起，芳根中断香心死。

浪乘画舸忆蟾蜍，月娥未必婵娟子。

楚管蛮弦愁一概，空城罢舞腰支在。

当时欢向掌中销，桃叶桃根双姊妹。

破鬟倭堕凌朝寒，白玉燕钗黄金蝉。

风车雨马不持去，蜡烛啼红怨天曙。

——《燕台四首》

《燕台四首》依然是典型的李商隐风格，典故密集，情感诚挚，言辞秾丽，如镜花水月，梦幻迷离。

于是便有人疑心"燕台"乃是一位女子，是李商隐的某位情人，他对她的感情炽热而痴迷，却又因种种原因，咫尺天涯，徒劳相思。

"燕台"，或许是指求才若渴的燕昭王修建的黄金台，引乐毅、剧辛来投，燕国果然复兴。燕台，也成了后世所有郁郁不得志的人心中的理想平台。

不过，以男女情事来比拟其他社会关系，最早是可以追溯到《诗经》——"关关雎鸠，在河之洲。窈窕淑女，君子好逑。……求之不得，寤寐思服。悠哉悠哉，辗转反侧。"《离骚》中也以男女之情比喻君臣之义，又以香草美人喻忠臣，以臭禽恶物比奸佞。唐诗《近试上张籍水部》里写："洞房昨夜停红烛，待晓堂前拜舅姑。妆罢低声问夫婿，画眉深浅入时无？"就是以爱情（婚姻）关系比拟师生关系。作者以新妇自比，以夫婿比张籍，以公婆（舅姑）比考官，以画眉比自己的作品——得体否，美丽否？（作品合适否，登科有望否？）

那么李商隐是否也在期盼着某种消息？

譬如行卷的反馈，譬如考试的结果，譬如长安城里的皇帝是否留意到他公文里呼之欲出的才华与志向。

那样的辗转反侧，望眼欲穿，忐忑不安，惊心动魄，不正是与爱情里的相思与等待异曲同工吗？

不过，柳枝并没有预知未来的本事，也不曾与诗人有过任何的接触。

那一日，柳枝听到的只是诗人爱而不得的思慕，是刻骨的情意。

在诗中，他爱她念她寻她，心中漫出"上穷碧落下黄泉，两处茫茫皆不见"的哀伤。

他等待着她，就像寻觅珊瑚的人将铁网放入茫茫大海，等待着珊瑚爬上铁网，慢慢长大般的望眼欲穿。

当春天的柳烟，化作秋天的白霜，当夏日的月光，凝成冬日的风雪，一年四季，他每时每刻都在想念着她，衣带渐宽，日益憔悴。

如果她是天宫中的仙子，是不是被关在了天牢之中？

如果她是西海上的神女，他只想化作一缕幽光，潜入西海的水波，陪在她的身旁……

十七年来，柳枝从未听到过这样的诗句，每一句都深情入骨，贯穿生死，超越天地，每一句，仿佛都是为自己而写，不免芳心怦然，如接通前世今生的情缘，如多年不被人理解的细密心事都有了应答。

柳枝对李商隐的感情，不仅有爱慕，还有高山流水般的知音之情，人生如逆旅，那么多的人都在名利的道路上埋首钻营，只有她与年轻的诗人，看到了头顶清澈的月光。

就像《牡丹亭》里的杜丽娘游园而惊梦，方知世间有春色如许，那一刻，柳枝忘却矜持，惊问："谁人有这般深沉哀婉的情思，这写诗的人是谁？"

世人喜欢说一见钟情，柳枝还未见到李商隐之前，就爱上了写诗的人。

原来，在杜丽娘之前，早就有唐代的柳枝，情不知所起一往而深。

那是唐文宗太和九年（公元835年）的早春，洛阳城的牡丹尚在含苞，柳枝的心里已经姹紫嫣红开遍。

见柳枝相问，李让山答道："这是我家乡一位从弟的作品。"

柳枝喜出望外。若是年代久远的作品，她便只能将作者引为隔代知音，而李让山正值壮年，风华正茂，其从弟自当也是翩翩少年郎。

柳枝当即做了一个大胆的决定，她撕下一截裙带递给李让山，请求李让山转交其从弟，以裙带为信，诚心乞诗。

翌日，李商隐与李让山一起骑马到柳枝家门前，只见柳枝抱着双臂站在门扉边，单衫杏子红，双鬓鸦雏色，面上是精心描绘过的妆容。

为悦己者容，原来是一件水到渠成的事情。

"你就是写《燕台》诗的那个人吗？"柳枝抬起手臂，指着李商隐问，风吹起她的衣袖，遮住了她的脸，却遮不住她美丽的容颜，就像她把自己的爱意隐藏在骄傲的语气里，但精致的妆容，急切的语气，以及树下的等待，早已将她的少女心思显露无疑。

李商隐笑着点头。

柳枝扬起嘴角，为她的美丽添了几分俏皮："三天之后，洛水湔裙，我会手捧博山炉，等你一起过节。"

　　溮裙水上，为唐代旧俗，即正月之间，未婚男女醑酒洗衣于水边，相传可避灾度厄，祛除晦气。后慢慢发展为踏青游玩。

　　亦有学者认为，溮裙之约是三月初三的上巳之约。

　　似乎更为贴切——或许就像《诗经》里的场景，在溱水与洧水的交汇处，有勇敢追求爱情的女子给一见钟情的人送上芍药，约对方到河对岸走一走，从而诞生了一个爱情故事。

　　不过，上巳又与春试的日期有出入……

　　但不管溮裙是在哪一天，可以确定的是，李商隐当时很郑重地答应了。

　　南朝乐府诗《杨叛儿》有云："暂出白门前，杨柳可藏乌。君作沉水香，侬作博山炉。"想一想，唐代的风气也是这样敞亮，博山炉，在文人心中，完全就是一个爱情的明喻。柳枝对李商隐的情意，已昭然如日月。

　　但就在李商隐满心欢喜地准备赴约时，与他一起前去长安应试的同伴却做了一个恶作剧，盗走了他的行装，包括州长官给他应试的文牒。

　　李商隐只能匆匆打马长安，做了一个失约的人。

　　　　　　　花房与蜜脾，蜂雄蛱蝶雌。
　　　　　　　同时不同类，那复更相思。

　　　　　　　本是丁香树，春条结始生。
　　　　　　　玉作弹棋局，中心亦不平。

嘉瓜引蔓长，碧玉冰寒浆。

东陵虽五色，不忍值牙香。

柳枝井上蟠，莲叶浦中干。

锦鳞与绣羽，水陆有伤残。

画屏绣步障，物物自成双。

如何湖上望，只是见鸳鸯。

——《柳枝五首》

是年冬天，大雪落满长安。

已四次落榜的李商隐正在京师背水一战，来年春天，他将第五次上科场。

李让山披雪进长安，给李商隐带来一个让他后悔不已的消息——柳枝已经被一个节度使娶走了。

年后，李让山返回洛阳，李商隐送其到戏水驿上，想起对柳枝的辜负，李商隐写下《柳枝》五首，托让山带回洛阳，带回他们曾经与柳枝相遇的地方。

当然，李商隐没有收到任何回音。

他负柳枝在先，有些情感，回应得太晚，便不合时宜了。

就像有些诗写得再好，也无法让一颗死去的心活过来了。

在诗中，李商隐把自己和柳枝比作蜜蜂和蝴蝶，看起来都钟情于花蜜，流连于春天，实际上却不是同一物种。如果蜜蜂爱上蝴蝶，再多的相思，也不能开花结果，酿出蜜来。

柳枝本是冰雕玉琢的妙人儿，奈何出身商家，地位卑微，被节度使娶走，也只能成为侍妾。当美玉成为棋子，被人玩弄于股掌之间，他为之心痛也为之懊悔。他想问柳枝：个性独特的你，心中真的甘愿吗？

那么柳枝有的选吗？

即便深情如写下《燕台》诗的李商隐，也要为了自己的前程，断然失约。更遑论世间的凡夫俗子，又如何入得了她的眼？

她只能自断爱情的退路。

而且，在时代的背景下，门第之见，终究是一座无法撬动的大山。

就像昔日白居易辜负湘灵，元稹辜负崔莺莺，"我系本王孙"的李商隐赴约不赴约，他与柳枝的爱情，都注定是一场悲剧。

李商隐最喜欢用典，在《柳枝》诗中，他却几乎没有运用典故，犹如得了白居易的精髓，写得真诚而忧伤，直白无雕饰，直抒心中意。

他当然不知道，后来，他与柳枝的故事，也会成为一个典故，被后世深情或薄义的诗人们引用了又引用，流下或真或假的眼泪。

甘露之殇

落第的心情是犹如刀割，一再落第的心情简直就是一场微小的凌迟。但这一次，对于落榜，李商隐或许已经麻木和习惯，或许在国难面前，个人命运的坎坷不过是时代车轮下的一粒灰尘。

翻阅史册，太和九年（公元835年）的冬天，长安城天寒地冻，冷风从斑驳的书页间扑面而来。

那个冬天，李商隐借住在令狐楚家中，继续为来年的春试做准备。

一日，令狐府中两名仆人在廊下窃窃私语，说宰相王涯家近来频发怪异之事，恐有大事发生，譬如园中水井半夜沸腾，散发出阵阵腐肉的气味，譬如一张床无故散架，譬如地板上乍现血迹……

见李商隐迎面走来，两名仆人迅速对视一下便心照不宣地低头噤口不言——谨言慎行，是他们必备的生存法则。

李商隐无意细问，更不想为难他们，便自顾走到廊外，只见大片大片的雪花从天而降。

会是一场瑞雪吗？

冷风如刀，他不禁打了一个寒战。

十一月二十一日，大明宫紫宸殿，早朝。

唐文宗端坐龙椅之上，除了眼睛里掠过几道寒星般的光，想来朝堂上大部分人都看不出他与往常有任何异样。

文宗在这个皇位上已经坐了九年了，心里却从未踏实过。他记得九年前的冬天，长安也是寒冷刺骨，宦官刘克明暗杀了他的哥哥唐敬宗，欲立他的叔叔绛王为帝，两天后，宦官王守澄又指挥神策军杀死了刘克明与绛王，将年仅十八岁的他推上了帝位。

九年来，文宗励精图治，宵衣旰食，不好女色，厉行节约，放出宫女三千人，平定沧景藩镇之乱，暗下决心一定要肃清奸佞，整顿朝纲，复兴王朝。

首先，就是宦官。宦官掌握着长安神策军的军权，也就间接掌握了很多隐晦的权力。弑逆之党就在身边，文宗如何安眠？他第一次选择的助手是忠诚稳重的翰林学士宋申锡，目标是铲除王守澄。宋申锡很快被提拔为尚书右丞。但还是在某一环节泄露了计划，被凶狠的王守澄诬告反咬，害死了无辜的漳王，宋申锡也获罪被贬。

此后，宦官越发专横。文宗表面不露声色，实则夜不能寐，从未放弃物色新的助手。

就在这个时候，一个叫郑注的人出现了。郑注是王守澄引荐的一个江湖游医，出身市井，其貌不扬，高度近视，却精通药术，能言善辩。文宗中风时，曾一个月不能言语，郑注入宫后，文宗竟奇迹般开口说话。郑注一路高升，成为许多臣僚争相结交的对象。出身士族的李训找到郑注，用重金换取了与文宗相处的机会。李训相貌堂堂，同样巧舌如簧，以解说"太平之术"获得文宗的信任后，平步青云，位极人臣。

一日，文宗密会郑、李，向两人袒露心事，认为请他们对付宦官，断不会让宦官生疑。

太和九年（公元835年）的秋天，郑注和李训开始联合起来对宦官下手，手段可谓以毒攻毒，短短两个月的时间，就清除了不少宦官，还鸩杀了王守澄。下一步，他们的目标是神策军的左右军中尉仇士良、鱼弘志。

计划出来了：十一月，王守澄将葬于浐水，郑注先奏请宦官们去浐水送葬，然后到凤翔节度使任上选出数百壮丁，身藏大斧，伪装亲兵护卫葬礼。到时候，只要趁机关闭门户，便可令亲兵将送葬的宦官全部扑杀。

怎料李训担心郑注抢走功劳，又瞒着郑注另生一计，以天降甘露为名，请文宗配合表演，又令亲信郭行馀、王璠以手敕之名带兵蛰伏宫中……

"陛下，左金吾厅后的石榴树昨夜天降甘露，此乃祥瑞之兆也！"左金吾卫大将军韩约上奏——如果是平时，他将报告平安，然后有本上奏，无本退朝。

语毕，韩约行大礼跪拜。韩约是宰相李训的人，文宗知道。

李训进奏："陛下可亲临观看，以承天贶。"

于是文宗乘软舆出紫宸门，与百官重新会合于含元殿。为弄清甘露真伪，文宗令仇士良、鱼弘志等人前去查验。此时，李训遂召亲信郭行馀、王璠进殿受敕。王璠站在殿下，竟因高度紧张而双腿战栗到不能走路，仇士良心生疑虑。当仇士良、鱼弘志等宦官走到石榴树下，发现同行的韩约也脸色苍白、汗如雨下，正好一阵寒风吹过，帘幕被风掀开，露出甲兵的身影，侧耳一听，还有兵器碰撞的声音时，仇士良瞬间便明白了。

惊骇之中，仇士良一伙迅速掉头。门口士兵意欲关门，立马被宦官呵斥吓退。一伙人直奔含元殿，以疾雷之速将文宗扶上软舆，打破殿后屏风，迅速向北奔逃："有人谋反，送陛下回宫！"

李训见状赶紧召士兵进殿，自己又攀住软舆大喊："臣奏事未完，陛下不可回宫！"一路追到宣政门，却被宦官打倒在地，只能看着宣政门关闭，文宗落入仇士良手中。

计划失败，李训只好换上随从的衣服，骑马逃出宫门。

这时，宰相王涯、贾𫗧、舒元舆等大臣不明真相，都聚集在中书省等待文宗召见。却不知文宗正在仇士良的嘲讽与呵斥下心如死灰，不发一言，似乎已经看到了自己余生的命运。

为出恶气，仇士良令神策军关闭宫门，逢人便杀，大明宫中顿时血流成河。

接着，是"搜捕叛党"，大杀戮来了。

李训在押解途中被杀，郑注在凤翔被杀，但凡与"甘露"相关的官员，包括未曾参与的王涯、贾𫗧、舒元舆等人也全被屈打成招，腰斩后株连九族。一时杀人数千，朝列为之一空。

是年冬，长安城下了好几场大雪，却依旧压不住空气里飘荡着的浓郁的血腥味……

这便是历史上的"甘露之变"，残忍、荒谬程度史无前例，折射出来的人性沦丧的程度，也击溃了许多士大夫的心理防线。

朝堂之上，宦官"迫胁天子，下视宰相，陵暴朝士如草芥"，"天下事皆决于北司，宰相行文书而已"……

历史的必然中充满了无尽的偶然，一个地方出错，就会引发多米诺骨牌效应。而之前那些被李训和郑注排挤出长安，或者是在长安坐冷板凳的官员们，竟阴差阳错地躲过一劫，成了失马的塞翁。

"甘露之变"后，左右仆射令狐楚、郑覃被召入宫为皇帝代拟诏书，定李训、王涯等人谋反之罪。

令狐楚因同情无辜而不忍在诏书中使用狠毒的诬蔑之词，令仇士良非常不满，从而失去再次拜相的机会。

借宿于令狐楚家中的李商隐很快得知了整个事件的前因后果，意欲提笔写诗抒怀，却被令狐楚劝止：朝局动荡时，更应谨言慎行。

幸存的官员每次上朝前都要与家人永诀。

诗人们几乎都选择闭上了嘴巴——翻遍《全唐诗》，有感"甘露之变"的诗歌屈指可数。

白居易当日正一个人在洛阳香山闲逛，得到消息后，写下《九年十一月二十一日感事而作》："祸福茫茫不可期，大都早退似先知。当君白首同归日，是我青山独往时。顾索素琴应不暇，忆牵黄犬定难追。麒麟作脯龙为醢，何似泥中曳尾龟。"

白居易在诗中感叹人生祸福难料，庆幸自己早早退隐洛阳，与青山作伴，才没有与曾经的同僚们一起白白送命。那些同僚死得那样潦草与仓促，不能学嵇康临死抚琴，也不能像李斯一样在死前追忆往昔打猎的时光，可叹他们都是麒麟才子，却和天子一样，成了宦官们刀俎上的鱼肉，而他白居易，就像一只在泥水中生活的乌龟，享受着生命与自由。

白居易到底是老了。

他内心里那个疾恶如仇，不撞南墙不回头的春风少年，到底是远去了——如果每个人都只想做泥中的曳尾龟，独往青山，那朝堂之上还有人吗？

出身豪门的杜牧当时也在洛阳，对于"甘露之变"，他的态度是对朝廷极为失望，是一种哀其不幸怒其不争的失望。

杜牧是宰相杜佑之孙，是出身名门的锦衣公子，是从小研读兵书，弱冠之年就写下《阿房宫赋》的人，奈何被卷入党争屡受排挤，迅速心灰意冷。在洛阳时，他宁愿冒着丢掉朝廷工作的危险，也执意要陪弟弟去治疗眼疾，是手足情深，也是攒够了失望吧。

想一想，李商隐与杜牧被世人合称"小李杜"，有意思的是，无论是风格还是人格，杜牧都更像是晚唐的李白，天才横溢也个性张扬，如俊朗洒然的云中白鹤；李商隐则与杜甫更为接近，读他的爱情诗，如置身云水迷离之境，望美玉而生烟，但实际上，他内心士大夫的底色从未褪去，写起政论诗来沉郁顿挫，如身负家国忧思的落落孤鸿。

九服归元化，三灵叶睿图。

如何本初辈，自取屈牦诛。

有甚当车泣，因劳下殿趋。

何成奏云物，直是灭崔符。

证逮符书密，辞连性命俱。

竟缘尊汉相，不早辨胡雏。

鬼篆分朝部，军烽照上都。

敢云堪恸哭，未免怨洪炉。

丹陛犹敷奏，彤庭欷战争。

临危对卢植，始悔用庞萌。

御仗收前殿，兵徒剧背城。

苍黄五色棒，掩遏一阳生。

古有清君侧，今非乏老成。

素心虽未易，此举太无名。

谁暝衔冤目，宁吞欲绝声。

近闻开寿宴，不废用咸英。

——《有感二首》

《有感二首》有题记："乙卯年有感，丙辰年诗成。"

"甘露之变"后，朝廷改年号为"开成"，第二年，即唐文宗开成元年（丙辰，公元836年）的春天，李商隐又一次落榜。

曾写下《登科后》的孟郊也在诗中记录落第的心情："弃置复弃置，情如刀剑伤。"

　　落第的心情是犹如刀割，一再落第的心情简直就是一场微小的凌迟。

　　但这一次，对于落榜，李商隐或许已经麻木和习惯，或许在国难面前，个人命运的坎坷不过是时代车轮下的一粒灰尘。

　　离开长安后，他终究还是没能做到"谨言"。

　　在诗中，为天子受制于家奴而愤慨，为无辜受难的人而悲痛，为国家风雨飘摇的命运而忧心，如孤鸿悲鸣，令人动容。

　　《有感》二首，也是"甘露之变"中少有的为"正义"而生的史诗，把自己生活的年代里，现实的疮痍、荒谬与不公化作笔下的刀痕，不仅需要才情，还需要顶天立地的浩然正气。

　　李商隐先诚实地记录了"甘露之变"的过程，李训、郑注本想效仿东汉末年的袁绍（字本初）诛杀乱政的宦官，却遗憾没有袁绍那样的谋略，落得像西汉宰相刘屈牦一样被腰斩的下场。李训的计划失败之后，可怜帝王被软禁欺辱，宦官反扑，拿着逮捕令到处杀戮无辜，铲除异己，把长安城变成人间地狱。

　　然后直接批评文宗用人不当。

　　"汉相"，出自《汉书》，说西汉宰相王商出身富贵，身材魁梧，容貌甚伟，令单于使者自惭形秽，天子不禁感叹："此真汉相也！"

　　"胡雏"，出自《晋书》，说的是羯族人石勒十四岁的时候在洛阳做生意，倚啸上东门，官员王衍看到后，对手下说："向者胡雏，吾观其声视有奇志，恐将为天下之患。"于是下令去抓捕石勒，但石勒早就走了。后来石勒果然成了历史上野心家的代名词。

　　宰相李训的出身、身材与相貌可与王商比肩，文宗倾意任之，朝中官员皆震慑迎拜；郑注的野心或许在他改掉自己卑微的姓氏，冒用京城"郑"姓那一刻就播下了种子。

接着，李商隐又把临危受命去主持朝政的令狐楚比作东汉末年在宦官乱政时迎天子回宫的忠臣卢植；把李训比作汉光武帝时期的名臣庞萌，庞萌看起来谦逊忠诚，很受汉光武帝的信任，后来却起兵造反。汉光武帝讨伐庞萌时非常后悔当初被庞萌的忠厚外表所蒙蔽，于是亲自带兵，愤而杀之灭其族。

"甘露之变"后，想必唐文宗也十分懊悔吧？

最后两句"近闻开寿宴，不废用咸英"，是说在唐文宗的寿宴上，帝国的腥风血雨尚未散去，宦官们安排的音乐，居然是无辜被腰斩的宰相王涯生前核定的《咸池》与《六英》，那是黄帝时期的太平之乐……

不知文宗作何感想？

史册中记录的唐文宗实际极富文学细胞，说他"喜作五言，古调清峻"，《全唐诗》中收录了他的《宫中题》，读来无限婉转："辇路生秋草，上林花满枝。凭高何限意，无复侍臣知。"

帝王被宦官软禁，身边没有一个可以信任的人，那不是孤独，是凄凉。就像一个落入沼泽中的人，因为所托非人，而让自己深陷其中，又间接加速了王朝的覆灭，历史上那个积极进取、包容乐观的大唐自此萎靡不振。

文宗看着宫中的牡丹，国色天香，全然不理人间的悲欢，脱口悲吟道："赤者如日，白者如月。淡者如赭，殷者如血。向者如迎，背者如诀。坼者如语，含者如咽。俯者如愁，仰者如悦。嫋者如舞，侧者如跌……"

吟毕，才发现，原来是舒元舆《牡丹赋》里的句子。

舒元舆有才学，也有忠心，在"甘露之变"中杀身成仁，一篇《牡丹赋》，竟成绝响。

文宗想起旧事，不禁伤心哽咽。

开成四年（公元839年）十一月，离"甘露之变"已过去四年。

四年的时间，正值壮年的文宗已有了衰老的迹象。一朝天子经常被家奴辱骂，只能用美酒和诗篇麻醉自己，在黑夜中暗自饮泣。

十一月的某一天，文宗夜坐思政殿，召当值学士周墀和自己一起饮酒谈心。

文宗问："卿觉得朕像历史上的哪一位皇帝？"

周墀回："陛下，您是尧舜一样的君主。"

文宗问："朕怎么敢与尧舜相比呢？卿可以想一想周赧王和汉献帝。"

周墀大惊："他们可是亡国之君，陛下仁德，他们怎么可以与您相比呢？"

文宗叹息道："周赧王和汉献帝只不过是受制于诸侯，朕今天却是受制于家奴，怎么比得上他们呢？"

说完，文宗涕泪满襟，第二天便不再上朝。

第二年春天，大明宫的牡丹开得正艳，而文宗，已经郁郁而逝了。

我是梦中传彩笔

　　金榜题名日，蟾宫折桂时。只是这折桂成名，与自己的才华并无多大关系，他是梦中传彩笔又如何，终究还是抵不过一场人情利益的捆绑与交换，这显然有违他的初衷，更是另一种意义上的折辱。

　　开成二年（公元837年）春，长安，在那场为新科进士举行的曲江盛宴上，李商隐终于有了一席之地。

　　"昔日龌龊不足夸，今朝放荡思无涯。春风得意马蹄疾，一日看尽长安花。"孟郊的《登科后》，终于成了李商隐亲身体验的人生经历。

　　那场曲江盛宴，莺歌燕舞，花光滟滟，李商隐喝得酩酊大醉，似乎把多年的委屈与不如意，都用来下酒了。

　　待酒醒之后，或许连诗人自己也忘记了，当时笔下流泻出多少诗文，记录过那个春天的得意与放纵。

　　　　玉管葭灰细细吹，流莺上下燕参差。

日西千绕池边树，忆把枯条撼雪时。

——《池边》

这首《池边》，便是李商隐登科后的作品。

诗句里有春风拂槛、杨柳如丝的温柔与细腻。那样的情感，来源于一颗心经历反复的打击之后，终于得偿所愿的欢喜，足以慰藉心灵的创伤，还会让眼睛变得清澈又明亮。

只有内心温柔细腻的人，才会看山绝色，看水倾城，看万物皆风雅可爱。若不然，为何之前往返长安那么多次，曲江的胜景都与他无关，曲江的牡丹与烟柳，在他眼里也没有什么颜色呢？

在诗中，李商隐还写到了玉管与葭灰，都是风雅之物。

玉管为古代乐器，相传长二十三寸，二十六孔，吹之，犹如风过山林，有险峻气息，车马滚滚，自远方渐次而来。

葭灰，指用芦苇秆内壁薄膜烧成的灰，古人烧苇膜成灰，置于律管中，放密室内，以占气候，哪一节律管中的葭灰飞出，就表示那一个节候已到。

那是一个春天中的春天，李商隐在曲江边，耳畔春风鼓荡。

他想起曾经停留曲江，身旁的烟柳尽是满树枯枝，大雪落在枝条上，一重又一重。一颗饱经风霜的心，一个科场失意的人。他不知道哪一朵雪花，将成为压断枯树的不可承受之轻。

锦帏初卷卫夫人，绣被犹堆越鄂君。

垂手乱翻雕玉佩，折腰争舞郁金裙。

　　石家蜡烛何曾剪，荀令香炉可待熏。

　　我是梦中传彩笔，欲书花叶寄朝云。

——《牡丹》

　　翻开大唐的群芳谱，牡丹是当之无愧的花魁。

　　卫夫人，即卫灵公的夫人南子，南子有倾城的容颜，是唯一与孔夫子传过绯闻的女主角，"子见南子"，也是史册中一段旖旎的谜案。《史记·孔子世家》记载，孔子周游列国时，在卫国与南子见面，南子端坐锦帷之中，孔子入门，向北面稽首行礼，南子自帷中再拜，环佩玉声璆然。没有人知道孔子和南子之间发生了什么，司马迁的记录自环佩之声后便戛然而止，把圣人与美人之间的故事留给后人想象。

　　垂手，折腰，都是美妙的舞蹈动作，比拟牡丹的姿态。郁金裙是指裙子染过一种名为"郁金"的香料（不是如今的郁金香）。

　　鄂君，就是《越人歌》里的楚国公子子皙，他俊美异常，是李商隐笔下的常客。

　　石家蜡烛，出自《世说新语》，说那晋代首富石崇生活奢侈，家中比宫殿更豪华，宏丽室宇彼此相连，后房姬妾成群，多到叫不准她们的名字。家中烧饭也从来不用木柴，而是用蜡烛烹煮山珍海味。

　　荀令，即东汉末年的名臣荀彧，荀彧性风雅，喜熏香，去友人家做客，所坐之处，香气经日不散。

　　梦中传彩笔，出自《南史·江淹传》，说江淹少有才名，辞章雄丽，任宣城太守时夜宿冶亭，做了一个梦，梦中有一男子自称是郭璞，对他说："我有一支笔在你这里存放多年了，现在请还给我吧！"江淹往怀中一探，果然有一支五色笔，于是还给对方。从此，江淹才思枯竭，笔下再无佳句，时人谓之江郎才尽。

朝云，即巫山神女，也是古代文人最喜欢的意象。

在诗中，李商隐把牡丹比作南子初卷锦帷，雍容华贵，惊为天人；又比作绣被中的鄂君，白皙俊美，气质清冷。牡丹婀娜多姿，如石崇家的红烛摇曳，娇羞可爱；天然的香气，比荀彧家的熏香更为珍贵。

这首《牡丹》依旧秾丽，幽婉，多情，也依旧用典绵密。

因为登科的喜悦，诗中又多了一份对才华的自信——我思如泉涌，才华横溢，莫不是在梦中得到了郭璞所赠的彩笔？就让我以牡丹花瓣当信笺，写下世间最美丽的诗句，寄给我巫山之巅的"朝云"，她一定能读懂我的心。

似有渴望恋情之意。

在另一首记录曲池盛宴的诗中，他还写下了这样的句子："日下繁香不自持，月中流艳与谁期？"

彼时，宋华阳的身份如同月宫嫦娥，李商隐不便打扰。柳枝已是他人妇，成了他错失的人。勾栏中的那些女子们软玉温香，却不过是逢场作戏。

所以，他才那么羡慕与之同榜的进士韩瞻。

金榜题名，洞房花烛，定居长安，锦绣前程，似乎一夜之间，韩瞻都得到了。

> 籍籍征西万户侯，新缘贵婿起朱楼。
>
> 一名我漫居先甲，千骑君翻在上头。
>
> 云路招邀回彩凤，天河迢递笑牵牛。
>
> 南朝禁脔无人近，瘦尽琼枝咏四愁。
>
> ——《韩同年新居钱韩西迎家室戏赠》

　　韩同年，即韩瞻。古代同榜进士间互称同年。韩瞻高中进士后，很快被征西将军（泾原节度使）王茂元看中，成了王家的贵婿。泾原治所在甘肃泾川，长安的西北方，新人在那里结婚。婚后，王茂元在长安为女儿女婿构筑新房，然后由韩瞻前往泾川迎接妻子，是为西迎家室。

　　在诗中，李商隐半开玩笑地打趣韩瞻，金榜题名时，我排在你的前面，但现在，我显然被你比下去了。新婚燕尔，正是你侬我侬之际，你去迎接妻子，就像牛郎去迎接银河对岸的织女。只是可惜，我分明是南朝禁脔一样的人物，却没有人看上我，没有人怜我日益消瘦。我只好吟咏着张衡的《四愁诗》，聊以解忧。

　　"我所思兮在太山。欲往从之梁父艰，侧身东望涕沾翰。美人赠我金错刀，何以报之英琼瑶。路远莫致倚逍遥，何为怀忧心烦劳。"昔日张衡目睹东汉朝纲败坏，天下凋敝，自己虽有济世之志，却因小人进谗而不能报效国家，故作《四愁诗》抒怀。

　　如此亦可见文人抒怀，"美人"不过是一个道具，只因思"美人"，顶多是涉及风流情债，在那样的社会环境里，是不会为作者带来任何危险的。

禁脔，这又是一典，出自《世说新语》，说是晋元帝时期，猪肉珍贵，每次宫中杀猪，都会割下猪颈部的一小块肉给天子食用，那块肉也是最为鲜美的，除了天子，旁人不可染指。后来，东晋孝武帝替自己的女儿求婿谢混，孝武帝死后，袁山松想让谢混做自己女婿，便有人开玩笑说："卿莫近禁脔。"

当然这是一首戏作。李商隐自比禁脔无人近，只会越发衬托出禁脔韩瞻的无限风光。

但事实上，世间又有多少真心，被掩盖在玩笑的口气下呢？

在那场宴席中，李商隐是否遇到了令自己怦然心动的女子？

或是有没有哪位大胆的佳人对李商隐一见钟情？

我们不得而知。

只知道那场宴会，的确为他后来的婚姻牵下了一根红线，但也让他的后半生深陷于党争的夹缝之中。

而彼时，他尚一无所知。

就像过了许久之后，他才知道，在那张金榜面前，原来自己多年的努力，竟不及令狐绹的一句话。

曾经，李商隐屡试不第，他以为，是主考官贾𫗧厌恶自己。

"甘露之变"后，贾𫗧受牵连被腰斩，主考官另换他人，他却依旧没能在金榜上看到自己的名字。

他不知道是哪个环节出了差错，天性纯良的他似乎永远看不清人性中的幽微与复杂。

开成元年春，为了安慰落榜的好友，令狐绹找李商隐长夜清谈，第二天又给李商隐送去衣物与书信，李商隐深受感动，便忍不住敞开心扉，打开积郁多年的情绪闸门，奋笔疾书向对方倾诉：

> 子直足下，行日已定，昨幸得少展写。足下去后，怅然不怡，今早垂致裛衣，书辞委曲，恻恻无已。自昔非有故旧援拔，卒然于稠人中相望，见其表得所以类君子者，一日相从，百年见肺肝。尔来足下仕益达，仆困不动，固不能有常合而有常离。足下观人与物，共此天地耳，错行杂居，蛰蛰哉。不幸天能恣物之生，而不能与物慨然量其欲。牙齿者恨不得翅羽，角者又恨不得牙齿，此意人与物略同耳。有所趋，故不能无争，有所争，故不能不于同中而有各异耳。足下观此世，其同异如何哉？
>
> ——《别令狐拾遗书》

在李商隐心里，令狐绹是谦谦君子，是与自己肝胆相照、无话不谈的兄弟，他尽可将心中的委屈与不平都倾注笔端。

他说，欲望是无穷的，就像动物有了锋利的牙齿，还想要飞翔的翅膀，有翅膀的动物，也想拥有锋利的牙齿。天下熙熙，皆为利来，天下攘攘，皆为利往。唉，子直啊子直，这趋炎附势的世道，真是让人寒心啊！

不知是不是李商隐那份近乎天真的众人皆醉我独醒的愤世嫉俗打动了令狐绹，就在第二年的春天，李商隐卷土重来的时候，令狐绚决定帮李商隐一把。

令狐绹没有继承父亲骈文方面的才华，他文采平平，却是一个天生的政客。当时，他在朝中已经做到了左拾遗，是天子近臣，很多人羡慕的谏官，前途无量。

当时的主考官是高锴。放榜前，高锴看似不经意地问令狐绹："八郎，在你的朋友里，你与谁最为要好？"

"李商隐，李商隐，李商隐。"

令狐绹自然明白其中的深意。回答完毕，他没有作任何推荐之辞就轻轻走开了。

不久后，李商隐的名字便出现在了金榜上。

离开长安时，李商隐辗转得知自己及第一事的来龙去脉，对令狐绹心怀感激之余，情绪难免有些低落。

李商隐要回济源探亲，同年们去灞桥送他，暮春时节，柳色青青，大家折柳互道珍重。有位同年临时有事未到，李商隐一时感触，便写下这首诗相赠：

> 芳桂当年各一枝，行期未分压春期。
>
> 江鱼朔雁长相忆，秦树嵩云自不知。
>
> 下苑经过劳想像，东门送饯又差池。
>
> 灞陵柳色无离恨，莫枉长条赠所思。
>
> ——《及第东归次灞上却寄同年》

其中有位李商隐的同年名叫李肱，是那一年的榜元，也是李商隐的好友。在灞桥设宴饯行时，李肱送给李商隐一幅孤松。

积石如玉，列松如翠，一如英俊清朗的李商隐。

李肱还告诉李商隐，他画的是终南山的松树，可藏龙栖凤，松上猎猎清风，可吹入皇城，抵达天子身边，故以画作祝愿李商隐成为皇帝身边的近臣，致君尧舜。

李肱的那幅画，却总让李商隐想起玉阳山的松涛。

在给李肱的回赠诗中，李商隐写道："忆昔谢四骑，学仙玉阳东。千株尽若此，路入琼瑶宫。口咏玄云歌，手把金芙蓉。浓蔼深霓袖，色映琅玕中。"

他想起昔日学仙玉阳的日子，那里远离红尘，没有功名利禄，如果当初没有下山，自己又会是怎样一番光景呢？

他下山已经十年了。

十年间，他辗转幕府与科场，尝遍人情冷暖，历经落第复落第的煎熬，终于登科成名。

金榜题名日，蟾宫折桂时。只是这折桂成名，与自己的才华并无多大关系，他是梦中传彩笔又如何，终究还是抵不过一场人情利益的捆绑与交换，这显然有违他的初衷，更是另一种意义上的折辱。

于是，他心中的得意，也似那浓烈的春天，盛大的宴席一般，花期一过，宾客四散，便意兴阑珊了。

是年同榜的四十名进士，因为同一场科举，同一位考官，名字被题在同一张金榜上。

　　但在榜下，他们命运的河流，很快便会各自流向未知的远方。

　　而且登科之后，只要不想尽弃前功，便注定他们只能向仕途更深处更险恶处漫溯。

　　对于李商隐，无论是曲江盛宴的风流蕴藉，还是学仙玉阳的清净时光，都再也不会到来了。

歧路徘徊，南山北归

　　一年之间，经历大喜大悲，那样的情感波折，就像将一颗心高高捧起之后又狠狠摔得粉碎。商山隐士，高义如山——他不知道，自己这个名字，是期望，是祝福，还是谶语？

　　开成二年（公元837年）初冬时节，李商隐从长安出发，日夜兼程赶往千里之外的汉中。

　　只因令狐楚的召唤。

　　"甘露之变"后，令狐楚深知长安非久留之地，便上疏请求告老还乡。开成元年上巳节，京城血迹未干，朝廷百官即在曲江聚宴，饮酒作乐，歌舞升平。令狐楚厌恶宦官专权，对朝廷失望至极，干脆称病在家，拒绝赴宴，又接连上疏请求解除使臣职务。

　　不久后，令狐楚接到圣旨，授爵彭阳郡公，以左仆射之位调任兴元尹、山南西道节度使，因其治所在梁州（汉中）兴元，又称兴元节度使。

　　　　虽济上汉中，风烟特异；而恩门故国，道里斯同。
北堂之恋方深，东阁之知未谢。凤宵感激，去住彷徨。彼
谢掾辞归，系情于皋埌；杨朱下泣，结念于路歧。以方兹
辰，未偕卑素。况自今岁，累蒙荣示，轸其飘泊，务以慰
安。促曳裾之期，问改辕之日，五交辟而未盛，十从事而
非贤。仰望辉光，不胜负荷。至中秋方遂专往起居未间。
瞻望旌旄，如阔天地。伏惟俯赐照察。

　　　　　　　　　　　　　　　　　——《上令狐相公状》

　　在这封是年春天写给令狐楚的信中，我们可以看到，李商隐正
处于情感的两难之中。

　　一年前，令狐楚去汉中赴任时，曾邀请李商隐加入他的兴元幕
府，希望李商隐用手中的生花妙笔为他处理繁忙的公务，替他分忧
解难，但落榜的李商隐选择了来年再战，直言科举之路，不撞南墙
不回头。

　　第二年在令狐绹的帮助下，李商隐终于进士及第，他把好消息
第一个告诉了令狐楚，并在信中表达了自己的感激之情："自卵而
翼，皆出于生成；碎首糜躯，莫知其报效。"

　　这时令狐楚再次邀请他去兴元幕府任职。

　　李商隐犹豫了。

　　一方面，是他母亲身体不太好，他要回去看望母亲，顺便勉励
弟弟羲叟，争取在科场上一举夺魁。

另一方面，令狐家对他恩重如山，他还没来得及好好报答。

这便是李商隐"北堂"与"东阁"之间的彷徨。《诗经》里说："焉得谖（萱）草，言树之背。"背，北堂也，后又引申为"萱堂"即母亲的代称。东阁是古代宰相招致、款待宾客的地方，此处代指令狐楚。

他在信中将自己比喻成历史上的谢朓和杨朱，他们也曾经历过难以抉择的时刻。

譬如战国时代的杨朱，在一次游玩中遇到分岔的路口，就因为不知道走哪一条好而潸然泪下。杨朱感到伤怀的，真的是歧路东西吗？或许是因为人生处处面临的艰难选择，或者是因为放弃另一条道路而产生的强烈的心理自责。

不过在三月的灞桥边，李商隐还是踏上了前往"北堂"的那条路。

他告诉令狐楚，中秋一过，他就会马上启程去兴元幕府。

在济源，李商隐陪家人们度过了一整个夏天。

是年秋，同年来信，让他尽快到长安等待授官。李商隐只好再写信给令狐楚说明情况。毕竟幕府待遇虽好，却不能真正实现自己的理想。

但就在他返回长安，焦灼地等待着吏部的消息时，兴元再次来信——令狐楚病重。

"愚调京下，公病梁山。绝崖飞梁，山行一千。"李商隐几乎是飞奔而去的。

从长安到梁州兴元，道阻且长，中间横亘着秦岭山脉，悬崖峭壁，沟壑纵横，多是凌空栈道，稍有不慎便有性命之忧。

但对于李商隐来说，极有可能就是与令狐楚见最后一面，长安的锦绣前程也好，途中的风雨虎狼也好，都不可阻其脚步。

十一月初，李商隐终于赶到了令狐楚的身边。

他曾经以为，自己可以用才华与坚持报答恩公的情义，他们之间还来日方长，却没想到，转眼彼此就只剩下十来天相处的缘分。

那段时间，李商隐日夜侍奉在恩主身边，非常悔恨自己去年的选择，因为执着于科举，而耽误了报答恩情的机会。

令狐楚当然没有责怪李商隐。

他一生阅人无数，怎能不知道李商隐内心纯良，没有城府。他一生栽培人无数，预感自己时日无多时，只希望李商隐可以像儿子一样陪他度过最后的时光。

自夏天感觉浑身无力开始，令狐楚就一直缠绵病榻，入冬时，肠胃又出了问题。看着身体一天比一天虚弱，如蒲柳之萧衰，令狐楚决定把几件重要的事情托付给李商隐。

一是代他上书文宗，请求解除身上的职务，归老长安。

二是代草遗表。遗表是臣子给朝廷的最后一份公文，不仅在政治上关系重大，也有着特别的个人意义。

三是为他撰写墓志，不必过誉，但求诚实。

李商隐一一答应。

于是有了《为彭阳公兴元请寻医表》："臣某言：臣闻长育之

功，允归於天地；疾痛所迫，必告於君亲。是以今月某日，窃献表章，上干旒宸。备陈旧恙，当此颓龄，乞解藩维，一归京辇。衰羸则甚，战灼犹深，臣某中谢……"

遗憾的是，这份表章还没有抵达皇帝手中，令狐楚的病情就恶化了。

> 今月八日，臣已召男国子博士绪、左补阙绚、左武卫兵曹参军纶等，示以殁期，遗之理命。使内则雍和私室，外则竭尽公家，兼约其送终，务遵俭约，勿为从容，以致虑居。至十二日夜，有仆夫告臣云："大星陨地，雅当正室，洞照一庭。"臣即端坐俟时，正辞无挠。臣之年亦极矣，臣之荣亦足矣。以祖以父，皆蒙褒宠，有弟有子，并列班行。全腰领以从前人，归体魄以事先帝。此不自达，诚为甚愚。但以将掩泉扃，不得重辞云陛，更陈尸谏，犹进瞽言，虽叫呼而不能，岂诚明之敢忘。伏惟皇帝陛下春秋鼎盛，华夏镜清，是修教化之初，当复理安之始。然自前年夏秋以来，贬谴者至多，诛僇者不少。伏望普加鸿造，稍霁皇威。殁者昭雪以云雷，存者沾濡以雨露，使五稼嘉熟，兆人乐康。用臣将尽之苦言，慰臣永蛰之幽魄。臣某云云。

> ——《代彭阳公遗表》

十一月八日，令狐楚把儿子们叫到身边。当时，令狐绪是国子博士，令狐绹是左补阙，令狐纶是左武卫兵曹参军，是为"有弟有子，并列班行"。令狐楚开始安排后事。他认为自己一生对国家对百姓没有做出什么贡献，有些愧对祖宗，他死后，不要为他申请谥号，不要另请显贵为他撰写墓志，也不要鼓吹打扰百姓，以一辆普通的布篷马车将他拉到墓地即可，墓碑上的称谓也不必夸耀。

十一月九日，令狐楚依然坚持翻阅书籍，高声吟诗，神志清明。儿子们请来医生配药，但他不愿再服，认为生死的日期都是上天注定的，没有必要再借助外力。

十二日夜间，有仆人来报告，说看见有一颗星星划破夜空，正好落在令狐楚房间的正上方，光芒照亮了整个庭院。

令狐楚知道自己大限已到，随即端坐与家人们告别，闭目便安然离世了，享年七十一岁。

从遗表可以看到，临终前，令狐楚依然念念不忘"甘露之变"，在遗表的最后，请求文宗一定要引以为戒，宽仁治国，减少诛戮贬罚，为含冤死去的人昭雪，给劫后余生的人抚慰。

文宗接到令狐楚的遗表后，叹息道："生为名臣，殁有理命，终始之分，可谓两全。"遂追赠其为司空，谥号"文"。

遗表洋洋千余字，一部分由令狐楚口授，一部分由李商隐代草。里面有人生总结，有对天子的赞美、感谢、不舍与劝谏，还有对后事的安排。遗表讲究文采，也讲究分寸，多一分则轻浮，少一分则拘束。李商隐的笔，将其呈现出了完美的状态。

> 水急愁无地，山深故有云。
>
> 那通极目望，又作断肠分。
>
> 郑驿来虽及，燕台哭不闻。
>
> 犹馀遗意在，许刻镇南勋。
>
> ——《自南山北归经分水岭》

是年十二月，李商隐以子侄的身份为令狐楚扶柩，走驿路前往京兆府，令狐家的祖坟在万年县凤栖原，令狐楚将安葬于斯。

因兴元在秦岭南麓，诗中故称南山，长安在北方，则称北归。

一日，一行人途经嶓冢山，看到高山将水流劈开，都在心底暗呼神奇。嶓冢山位于今汉中宁强县北，是一座神秘又古老的山。《水经注》引《汉中记》曰："嶓冢以东，水皆东流；嶓冢以西，水皆西流。……故俗以嶓冢为分水岭。"

是时，天寒路远，草木摇落，李商隐万千悲绪积在胸口，一点风吹草动便可令他感触不已。

如此，在嶓冢山奇妙的地理特征前，他有感而发，写下了这首诗。

李商隐感觉自己也正站在人生的分水岭上。

李商隐前半生遇到的四位贵人全都过世了。

在给令狐楚的祭文中，李商隐写道："昔梦飞尘，从公车轮。今梦山阿，送公哀歌……故山峨峨，玉溪在中。送公而归，一世蒿蓬。"

可见，令狐楚一去，李商隐如丧考妣。他给令狐楚写墓志，写一首又一首的悼亡诗，还把自己的名号嵌在祭文里，以感念令狐楚的再生之德。

而令狐楚的离世，不仅让李商隐伤心欲绝，更是影响了他后半生处世的心态，仿佛精神中的某种支柱突然被抽走了，让他变得沉郁与颓唐。一世蒿蓬——他似乎已经看到了自己后半生的命运，曾经心心念念的致君尧舜，平步青云，或许永远都无法实现了，只能做一个蒿蓬之人，或隐居山野，或碌碌而终。

一年之间，经历大喜大悲，那样的情感波折，就像将一颗心高高捧起之后又狠狠摔得粉碎。

商山隐士，高义如山——他不知道，自己这个名字，是期望，是祝福，还是谶语？

心有灵犀一点通

一年又一年，李商隐辗转在幕府与长安之间，依旧是一个青袍小吏。头上的白发日益增多，亲人接二连三的去世更让他自苦、自伤。

卢家有莫愁

　　　　或许，有些感情，因为郑重，才迟迟舍不得落笔。就
像一条河，愈是幽深之处，水流愈是平静。

　　又一个长安之春到来了。

　　开成三年（公元838年）的春天，长安与往常一样，辛夷谢过
牡丹开，灼灼的花光似乎可以照亮东西两街的一百一十个里坊。牡
丹开后，空气中又开始散发出那种熟悉的温软的绮靡的味道，最后
融入遮天蔽日的榆树浓荫，化作车马之下的滚滚红尘。

　　对于李商隐来说，这个长安之春，冥冥之中，还是有些说不清
道不明的东西改变了，失去了，消散了。

　　尽管他走在长安的街道上，耳边依旧有人唱《长恨歌》，金龟
换酒的佳话依旧在口耳相传，曲江边的丽人从不曾老去，银鞍白马
的少年踏尽落花，依旧会把诗题在胡姬的香扇上，那万国来朝的时
代仿佛就在眼前……

　　但世界还是那样的不真实，逝者如斯夫，不舍昼夜，时间遮盖
了许多东西，磨损了很多东西，也让很多东西变得清晰起来。

李商隐感觉自己站在时间之岸，两手空空，抓不住任何东西。

他想起年前为恩公令狐楚扶柩回长安，路过西郊时看到的凋败景象，京畿之地，居然田地一片荒芜，农具被丢弃在路边，盗贼横行，民不聊生，村落之间已是十户无一存。

他忧愤交加，再学杜甫，写下《行次西郊作一百韵》抒怀，又为那个时代留下了一首宏大的政治诗。

当然，他已经完全忘记了令狐楚曾经的劝诫，不懂谨言慎行为何物，在诗中细数唐朝两百年，直击国势式微之要害：初唐天清地明，百姓安居乐业；后藩将掌握军权，导致安史之乱，社稷动摇，百姓流离；再到姑息藩镇，一直未除祸根；再后来奸邪拜相，"甘露之变"发生，天灾人祸，百姓水深火热……一百韵长诗，可谓语重心长，报国心切。最后他写："我愿为此事，君前剖心肝。叩头出鲜血，滂沱污紫宸。九重黯已隔，涕泗空沾唇。使典作尚书，厮养为将军。慎勿道此言，此言未忍闻。"拳拳之心，天地可鉴。

遗憾的是，一个愿意在君前剖心肝的人，连面君的机会都得不到。

这一年的春天，李商隐参加吏部举行的博学宏辞科考试，那本是他最擅长的考试，但学富五车、下笔如流的他却没有考中。

据说他成绩优异，考官周墀、李回已将他录取，却被一名中书省的大官以"此人不堪"为由抹去了名字。

不堪者何？

李商隐无语问苍天，苍天云舒云卷，不发一言。

　　如此，是年暮春，有人向李商隐抛出橄榄枝，他几乎没有多作考虑就答应了。那个人就是泾原节度使王茂元，同年韩瞻的岳父。

　　正是韩瞻将李商隐引荐给王茂元的。王茂元读了李商隐的诗文，也被李商隐的才华与见识深深打动，得知其考试落榜，便立即发出盛情邀约。

　　　　　　帘外辛夷定已开，开时莫放艳阳回。

　　　　　　年华若到经风雨，便是胡僧话劫灰。

　　　　　　龙山晴雪凤楼霞，洞里迷人有几家。

　　　　　　我为伤春心自醉，不劳君劝石榴花。

　　　　　　　　　　——《寄恼韩同年二首（时韩住萧洞）》

　　辛夷花开时，李商隐曾写过两首诗送给韩瞻。

　　寄恼，就是把内心的苦恼倾诉给韩瞻听。当时，韩瞻夫妇已经住进了王茂元为他们修建的长安新居，在李商隐看来，韩瞻就像是萧史遇见了弄玉，夫妻俩住在秦穆公家里，笙箫和鸣，终成仙侣。

　　辛夷，因初出枝头，花苞如毛笔，被北方人称为木笔。辛夷花特别美，盛开时如莲花如灯盏，有紫苞红焰者，也亦有纯白如玉者，又称玉兰。而且辛夷先花后叶，早春盛开，又有迎春的寓意。

　　劫灰，出自《搜神记》，其实就是我们今天所看到的煤块。在佛教典籍中，劫灰是来自异域的宝物，形状犹如坚硬的石块，通体乌黑，人走在上面会发出空空洞洞的声响，有时还会自己燃烧起来，烟雾中就会出现一闪而过的影子和画面，那是世界光怪陆离的另一个空间。相传汉武帝挖昆明池底，就挖出了劫灰，于是问东方朔，东方朔也不知道，说可问西域人。后来天竺人法兰过来了，有人追问他，他告诉众人："世界终尽，劫火洞烧，此灰是也。"

在第二首诗中，李商隐又把韩瞻比作传说中上天台山采药的刘晨、阮肇，他们在采药时得遇两名美丽的仙女，又被邀至仙家，招为夫婿，却不知山中一日，人间一年，当半年后两人回家，见到的已经是他们的第七代子孙。

石榴花，则是指石榴酒，长安美酒的一种，相传把异域的安石榴汁加入杯中，几天后便可收获一杯甜美醉人的石榴佳酿。

这两首诗，看似都是李商隐在劝韩瞻珍惜春光，珍惜与妻子在一起的美好时光，毕竟世事易变，年华易朽，一如只消几场风雨，春光就残败了。

实际上诗人依然是用韩瞻的得意，反衬自己的孤苦无依的现状。

春光再好，又如何抚慰一颗郁郁不得志的心？

石榴酒再甘冽，也不必多饮。酒不醉人人自醉，只因人是伤心人。

其中"洞里迷人有几家"一句，又被世人解读出了更深一层的意思，有人称那是李商隐在暗示韩瞻，是否可以将其妻妹，也就是王茂元的小女儿介绍给自己。

如果真的是因为钟情王茂元的小女儿,那么李商隐答应王茂元去泾原幕府任职,一切都是水到渠成吧?

在李商隐写给韩瞻的那些诗中,所有的戏谑,也的确都带着歆羡的意味——萧洞迷人有几家,王家的女儿也一共有四位,还未出嫁的那位姑娘,会不会看上我呢?

也不知是哪一次,李商隐见到了王家小女——晏媄,或许是那场曲江的进士宴,又或许是在韩瞻的"萧洞"之中,总之,爱情,或者说一场盛大的暗恋,就这样悄无声息地到来了,就像一朵花悄无声息地含苞,悄无声息地绽放,恍然之间,四处漫溢的香气已无法藏匿。

泾原节度使的治所在甘肃泾州。

王茂元是太和九年去泾州上任的。按照史书上的说法,王茂元从小就很好学,长大后随父征战,以勇略闻名军中。唐德宗时,他上书自荐,授试校书郎,一路做到神策军右将军。太和年间,他出任岭南节度使,招抚少数民族,广蓄财产,政绩与商业头脑一样出色。"甘露之变"前,他与宰相王涯、郑注交往密切,经常有来自岭南的珍宝送入两位宰相府中,直到如愿被朝廷任命为泾原节度使。后来,"甘露之变"爆发,王涯、郑注被杀,朝中牵连甚广,王茂元又当机立断散尽万贯家财打通关节,成功避开了灭族之祸。

历史上对王茂元的评价是:"家积财,交煽权贵。"但在李商隐的眼中,王茂元文武兼备,个性随和,对自己极为看重,是他生命中的又一位贵人，不仅给了他一段诗酒风流，还成全了他生命中最珍贵的一段情缘。

多年后，李商隐回忆泾州幕府的日子，"中堂评赋，后榭言诗""樽空花朝，灯尽夜室，忘名器于贵贱，去形迹于尊卑"，言语间充满了对王茂元知遇之恩的感激，同时也伴着情意绵绵的怀想。

毕竟，那还是一段与爱情有关的时光。

> 冀马燕犀动地来，自埋红粉自成灰。
> 君王若道能倾国，玉辇何由过马嵬。
>
> 海外徒闻更九州，他生未卜此生休。
> 空闻虎旅传宵柝，无复鸡人报晓筹。
> 此日六军同驻马，当时七夕笑牵牛。
> 如何四纪为天子，不及卢家有莫愁。
>
> ——《马嵬二首》

从长安到泾州，马嵬坡是必经之地。安史之乱时，唐玄宗携杨贵妃西逃，途经马嵬坡时，六军不发，唐玄宗无奈，被迫赐杨贵妃自缢。于是云想衣裳花想容的美人香消玉殒，为她的三郎保全了江山。

数十年过去，无数文人墨客借马嵬坡抒怀，大多是笔锋比刀锋更刻薄，杨贵妃在他们笔下，是误国的红颜，是惑君的祸水。

李商隐却用笔尖轻轻拨开了历史的烟尘，看到了一场爱情的悲剧。"七月七日长生殿，夜半无人私语时。在天愿作比翼鸟，在地愿为连理枝"的誓言在权力之下犹如齑粉，那用爱包裹的谎言，看似浪漫、凄美又动人，内核却是冷酷、残忍又现实的。

"如何四纪为天子，不及卢家有莫愁"，相传南齐时，有洛阳少女莫愁，因家贫远嫁江东富户卢家，居石城湖畔，夫妻情深意笃，成为一段佳话。

这样的诗句，如果落在情窦初开的少女的眼里，应该可以成为一种心迹的表白吧——在我心里，爱情的分量，比江山更重。江山再好，到底是高处不胜寒，又如何比得上与心爱之人布衣蔬食，相守一生的脉脉温情呢？

下苑他年未可追，西州今日忽相期。

水亭暮雨寒犹在，罗荐春香暖不知。

舞蝶殷勤收落蕊，佳人惆怅卧遥帷。

章台街里芳菲伴，且问宫腰损几枝。

浪笑榴花不及春，先期零落更愁人。

玉盘迸泪伤心数，锦瑟惊弦破梦频。

万里重阴非旧圃，一年生意属流尘。

前溪舞罢君回顾，并觉今朝粉态新。

——《回中牡丹为雨所败二首》

回中，地属甘肃。那个暮春，李商隐去泾州幕府，路过回中时竟与一丛牡丹不期而遇。边陲之地，暮春时节依旧寒意萧萧，只见那盛开的牡丹，在风雨的摧残下，花瓣已凋零满地。

他想起曾经在曲江看牡丹，想用彩笔在花瓣上写下最动人的诗句寄给心爱的姑娘，不过是经年的时间，而当时站在凄风冷雨残花之中，竟然恍然隔世。

他在第二首诗中写：不必笑话石榴花姗姗来迟，过早凋落岂不更令人伤心？其花朵如白玉一般，雨水如泪珠四下飞溅，冷风如锦瑟惊破魂梦。

如此来看，他是占尽春光，却要与春光一起残败的牡丹，还是错失春色，却能在初夏笑傲枝头的榴花？

很多年前，唐高祖李渊设宴，命昔日隋朝同僚孔绍安以"石榴"为题作诗，孔绍安便亮出一首《侍宴咏石榴》："可惜庭中树，移根逐汉臣。只为来时晚，花开不及春。"来表达自己大材小用、怀才不遇的想法。

如此，读过"浪笑榴花不及春"里藏着的典故，便知道李商隐的无限春愁，充满了身世之感。

成为幕僚，从来都不是李商隐的本意，他只是希望幕府的磨砺，可以成为自己日后仕途的一块跳板。

> 迢递高城百尺楼，绿杨枝外尽汀洲。
>
> 贾生年少虚垂涕，王粲春来更远游。
>
> 永忆江湖归白发，欲回天地入扁舟。
>
> 不知腐鼠成滋味，猜意鹓雏竟未休。
>
> ——《安定城楼》

在泾州，王茂元对李商隐格外厚待，难免遭人嫉妒，李商隐曾登上安定城楼，以诗明志。

这首诗中的贾生，即贾谊，西汉有名的政论家和文学家。《史记》里说贾谊从小博览群书，研读诸子百家，是有名的才子，后来被汉文帝召为博士，官至太中大夫。贾谊认为"时事可为痛哭者一，可为流涕者二，可为太息者六"，经常上书论政。汉文帝很少采纳他的建议，倒是对鬼神之说很感兴趣，让贾谊伤心不已。

王粲，是建安七子之一，年轻时依附荆州刘表，曾在一个春天写下著名的《登楼赋》，其中有句子："虽信美而非吾土兮，曾何足以少留？"李商隐在幕府受到礼遇，但同样还是寄人篱下，他自比王粲，一方面是境遇相同，另一方面也是对才华的自信。

所以，接下来他又表明自己的志向：范蠡辅佐越王勾践灭吴之后，泛舟五湖之上，他也要先做出一番事业，待功成名就，再退出江湖。

鹓雏与腐鼠则出自《庄子》。是说惠子在梁国做宰相，庄子前去看望他。便有小人向惠子进谗，说庄子到梁国来，就是想取代惠子。惠子惶恐，赶紧令人搜捕庄子。庄子后来问惠子："你知道南方有一种名叫鹓雏的鸟吗？鹓雏从南海起飞，到北海去，不是梧桐树不栖息，不是竹子的果实不吃，不是甜美的泉水不饮。有鸱鹰捡到一只腐烂的老鼠，看到鹓雏从它面前飞过，生怕鹓雏抢走它的腐鼠而发出怒斥的声音。现在，你也想用你梁国的相位来怒斥我吗？"在庄子眼里，功名利禄，不过腐鼠而已，惠子以小人之心度君子之腹，真是可怜又可笑。

据说王安石晚年时非常喜欢李商隐的诗，尤其是这首《安定城楼》，又尤其是"永忆江湖归白发，欲回天地入扁舟"，认为李商隐已经得到了杜甫的衣钵。

无数次的偶然，定将促成必然，《马嵬二首》《回中牡丹为雨所败二首》《安定城楼》，就那样被晏媄读到了。

李商隐——晏媄早闻其名，让父亲赞赏有加的《让加兵部尚书表》就是出自他手，而且父亲还常说，以李商隐的才华，日后定有一个锦绣前程。朝廷要加封王茂元为"检校兵部尚书"，按照传统，即便被加封者感到十分渴望与乐意，也要上表礼让一番，请求朝廷另选贤人。这样的公文，不仅要有雕龙刻凤的文采，还要有八面玲珑的能力和滴水不漏的华丽，一起呈现出毫无斧凿痕的妙手偶得之。因为再多的谦让，最后还是为了接受得更为顺利与稳妥。

晏媄是将门之女，从小饱读诗书，秀外慧中，性格明媚，自然能读懂李商隐那颗月亮般皎洁孤清的心。她开始注意那个长相清秀、谦谦有礼，眉间总似有一丝阴翳的年轻人，并渐渐地，心悦君兮。

如果说李商隐的《马嵬二首》让晏媄看到了李商隐对女性对爱情的态度，《回中牡丹为雨所败二首》让晏媄看到了李商隐的才华与哀伤，那么《安定城楼》让晏媄和她的父亲看到的一定是李商隐的高远志向。

"昨夜星辰昨夜风，画楼西畔桂堂东。身无彩凤双飞翼，心有灵犀一点通。"

值得一提的是，如今，很多人认为李商隐这首《无题》诗是写给妻子晏媄的，那么美丽的句子，谜一样的意境，多么像恋爱时期的心灵感应，一颦一笑都是暗通的款曲，令人魂牵梦萦。

但实际上，这首诗写于会昌二年（公元842年），那时李商隐到了秘书省任职，与诗中另外两句"嗟余听鼓应官去，走马兰台类转蓬"正好贴合。兰台，秘书台是也。

或许，有些感情，因为郑重，才迟迟舍不得落笔。

就像一条河，越是幽深之处，水流越是平静。

世间幸福，莫过于静水流深，两情相悦。

世间最大的幸福，莫过于两情相悦，还能执子之手，长相厮守。

大约在秋天的时候，王茂元将小女儿晏媄许配给了李商隐。才子佳人，天作之合。他们在泾州举行了婚礼，接下来便是举案齐眉的新婚生活。

婚姻的美好，或多或少冲淡了李商隐仕途不顺的苦闷。

而回首李商隐的前半生，科举屡试不第，却总有节度使以礼相待；每次失去一位恩公，又会遇到一位贵人。

失之东隅，收之桑榆，不知道这算不算是李商隐的运气守恒。

五斗米，北窗风

> 大多数时候，陶渊明只是一面可以投射情绪的镜子——喜欢陶渊明总不会出错，说明你的骨子里也流淌着高士的基因。

大约在南朝宋永初二年（公元421年），五十三岁的陶渊明生了一场重病，感觉自己命不久矣，便给几个儿子写了一封信。

那封信有着遗嘱的功能，但达观的态度，就好像他要出门一趟，想着还是要交代一下孩子们，晚餐已经做好啦，菜有点简朴，好在健康美味，就放在家里的某某地方呢……

那封著名的信叫《与子俨等疏》，核心就是"死生有命，富贵在天"，其中一段少年时的回忆，又非常引人遐思，令人喜欢的程度甚至超过了信的本身："少学琴书，偶爱闲静，开卷有得，便欣然忘食。见树木交荫，时鸟变声，亦复欢然有喜。常言五六月中，北窗下卧，遇凉风暂至，自谓是羲皇上人。"

从此，北窗高卧、北窗凉风、羲皇上人便成了与陶渊明有关的隐逸的典故，等同于"紫芝""采紫芝""紫芝歌"与商山四皓的关系。

即便如此，采菊东篱下的陶渊明年轻时同样有过"大济苍生"的理想，曾在诗中写下"猛志逸四海，骞翮思远翥"，只是经过不断的碰壁，不断的失望后，才不得不遁入山野之中，谓之"羁鸟恋旧林，池鱼思故渊"，实际上这一切，也并非他"性本爱丘山"，而是因为"日月遂往，机巧好疏"。

不会逢迎取巧，便注定仕途失意。

> 陶令弃官后，仰眠书屋中。
>
> 谁将五斗米，拟换北窗风。
>
> ——《自贶》

四百多年后，一个叫李商隐的人在仕途失意的时候，想起了陶渊明。

自贶，就是自赠，即写给自己的诗。在这首诗里，李商隐在想象中模拟了陶渊明弃官隐居的场景，昔日为了养家糊口，陶渊明到彭泽任县令，因不愿为五斗米向小人折腰，于是封好官印，扬长而去，披发入山。在山间，陶渊明仰眠于书屋之中，清风自北窗而来，万卷诗书，全在眼底，名山大川，尽可卧游，远离官场纷争，没有名利束缚，身体和内心，都像风一样自由，像云一样蓬松。

多么令人羡慕！

当时的李商隐，正在弘农任县尉，对于朝廷分配的工作，他也很不喜欢，一度想效仿陶渊明弃官。为什么呢？

开成四年（公元839年）的春天，李商隐再一次回到长安。

他依旧为考试而来，但与往年不同的是，这一次，他还背负着深爱之人的期许。

妻子晏媄在泾州等他，嘱咐他"成事在天，尽力而为"。那么他的尽力，就是再次披甲上阵，在考场发挥稳定，获得官职，为妻子在长安争取一席之地，而不必再栖身于岳父的羽翼之下。

这一次，李商隐参加的是"书判拔萃科"，属于吏部破格铨选的考试，其中的"书"不仅指书法，也指经义，"判"，即判文，顾名思义，就是要选出经义和律法考试中的出类拔萃之辈。

李商隐通过了，很快到秘书省担任校书郎。

校书郎官阶不高，正九品而已，但工作很清闲，前程也一片光明。

元稹和白居易就曾同授校书郎，在兰台留下过一段"花下鞍马游，雪中杯酒欢"的日子。

李商隐同样很满意，在秘书省整天与典籍打交道，暂时没有机会涉及权力中心，若不用考虑大唐王朝的前程，不用满足妻子那边的期待，倒真的是一份闲适的美差。而且，校书郎还有机会进入翰林院，历史上很多宰相都是从翰林学士里提拔的。

如果说还有什么遗憾的话，大约是李商隐新婚不久就经历两地分居，他非常想念妻子。另外，他觉得自己跟陶渊明一样，不会逢迎取巧，所以处处碰壁。

东南一望日中乌，欲逐羲和去得无。

且向秦楼棠树下，每朝先觅照罗敷。

——《东南》

这首诗是李商隐在长安写给妻子的一封情书。

他把妻子比作美丽的罗敷女，素心皎皎，不慕权势，对自己忠贞不渝。相传天上的太阳神羲和白天驾着三足金乌的太阳马车在天空穿行，夜间便在长空牧群星，在泾州东南的他是多么想追着那太阳马车而去呀，去见妻子一面，以慰相思之苦。

初来小苑中，稍与琐闱通。

远恐芳尘断，轻忧艳雪融。

只知防皓露，不觉逆尖风。

回首双飞燕，乘时入绮栊。

——《蝶》

这首小诗也是李商隐在秘书省任职时写下的作品。

他把自己比拟成一只第一次飞进宫墙的蝴蝶，对着宫闱深处的花朵进退两难，想要远观，担心过了花期，想要亲近，又怕打扰。它只知道露水会打湿翅膀，于是小心翼翼地躲避，却没想到一阵逆风，就可以把它吹向远方。就在它回首的时候，看到一双燕子正乘着风，飞进了小苑的绮窗之中。

而李商隐第一次到秘书省，因为不曾打通进阶的关节，仅仅过了三个月的时间，就被调到数百里之外的弘农（今河南灵宝市）担任县尉。

是谁乘着"逆风"飞入了兰台？

李商隐没有透露。

只可以确定，他是跟一个叫薛岩宾的同僚一起离开的。

> 曙爽行将拂，晨清坐欲凌。
>
> 别离真不那，风物正相仍。
>
> 漫水任谁照，衰花浅自矜。
>
> 还将两袖泪，同向一窗灯。
>
> 桂树乖真隐，芸香是小惩。
>
> 清规无以况，且用玉壶冰。
>
> ——《别薛岩宾》

从这首诗中可以得知，李商隐与薛岩宾的关系很是融洽，身为同僚，他们经常一起穿过长安的里坊街道，在拂晓时分到达兰台校对勘正典籍。

那时，天还未亮透，一室之中，一灯即明，两人对坐，万卷诗书。

对于读书人来说，那真是一段神仙般的日子，畅游在浩瀚的书海，他们就像两只幸福的蠹鱼。

蠹鱼，就是书中的小虫子，因为长得像鱼，故被称为蠹鱼。

有一次，李商隐跟薛岩宾讲起蠹鱼的故事，说他在玉阳学道的时候，曾经看过一本仙经，里面提到书里的蠹鱼只要三次吃到"神仙"两个字，就会化为"脉望"，夜间可嬗映当天中星。当中星使者降临，向星使求取仙丹后，再和脉望水服之，即可脱去凡胎，换上仙骨，白日飞升。

薛岩宾不信，便问李商隐信不信。

李商隐笑起来，说道："但愿来世托身蠹鱼。"

告别兰台，与薛岩宾分离时，李商隐想起曾经一起工作的时光，不禁泪湿衣袖。

离开已经是无法改变的事情。风物依旧，物是人非，怎不令人感伤呢？

他又回首十年前，从玉阳下山，选择去科举折桂，本就违背了"商隐"的本性，那么到兰台这一次的经历，应该就是上天对自己本心不诚的小小惩戒吧？

但实际上，对于隐逸生活，他依旧是一片冰心在玉壶。

芦叶梢梢夏景深，邮亭暂欲洒尘襟。

昔年曾是江南客，此日初为关外心。

思子台边风自急，玉娘湖上月应沉。

清声不远行人去，一世荒城伴夜砧。

——《出关宿盘豆馆对丛芦有感》

这首诗中的盘豆馆位于潼关以东四十里的位置，李商隐离开长安去弘农，必经盘豆馆。

那一天，他看着驿馆外面的芦苇，风吹苇叶，听在耳朵里，尽是萧瑟之声。夏日深沉，马上就是初秋了。他想起童年时跟着父亲在浙西幕府，一颗心漂泊无依，没想到，二十年后，再次尝到那样的心绪，竟然是在潼关之外。

思子台是汉武帝所设，用来迎接自杀的太子刘据魂兮归来。李商隐看到思子台，便思念起济源寡居的母亲来，心里很是悲伤。

玉娘湖上，月光沉沉，他想起的，是晏媄那明月一般的脸。

夜间，风吹芦苇的沙沙清音与湖边敦实的捣衣声一起传过来，又给荒烟蔓草的驿馆里孤枕难眠的人增添了几许哀伤。

但再感伤，也要赴任。

到弘农后，李商隐兢兢业业地履行着一名县尉的职责。按照《唐六典·三府都护州县官吏》里的记载，县令负责统筹全县政务；县丞辅佐县令行政；主簿负责勾检文书，监督县政；县尉负责执行办事，包括处理各类庶务，分判众曹，割断追催，收率课调等，工作非常繁琐，而且官阶还变成了从九品。

白居易昔日在盩厔当县尉，就忍不住在诗中跟长安的友人们倾诉，说自己做了一个"风尘走吏"，好在阴差阳错，后来他在盩厔写下的《长恨歌》，竟成了他被调入翰林院的跳板。

李商隐显然没有白居易那般的好运气。

一个深受儒家思想影响，遵循仁义礼智信恕忠孝悌的人，一个为百姓身处水火而痛心疾首的人，要如何面对因无力缴纳赋税而被捕入狱的百姓呢？

"活狱"事件就这样发生了。

李商隐用手中的小小权力为含冤入狱的百姓昭雪，为情有可原的人减去严酷的刑罚，在冰冷的法律面前，他透过温热的心肠，看到的是芸芸众生芥子一般的命运。

但在他的上司看来，若无冤狱，何来"昭雪"？李商隐的做法，无疑是给他的上司打造了一顶"制造冤狱"的帽子。

君不见，在官场，一个无依无靠的人走上进阶之路难于上青天，但上级要打压一个人，简直形同吹灰，站在高处轻轻一推，对方轻则滚落到原点，重则再无翻身之力。

按照史册里的说法，李商隐"以活狱忤观察史孙简"，也就是说因为活狱，李商隐被人告状，间接得罪了他的上司陕虢观察史孙简，从而受到打压与训斥，即将被罢免。

李商隐心里好不委屈，难道这就是官场的忌讳？

他强压怒火，在被罢免前，写了一首诗交给虢州刺史，说自己先请个假，要回京一趟。

实际上，他早已动了辞官的念头。

> 黄昏封印点刑徒，愧负荆山入座隅。
>
> 却羡卞和双刖足，一生无复没阶趋。
>
> ——《任弘农尉献州刺史乞假归京》

在这首诗中，李商隐写到了卞和，悲愤之情溢于言表。

《韩非子·和氏》记载，楚人卞和在荆山砍柴时获得一块璞玉，于是将玉献给楚厉王。楚厉王令宫中玉匠查验真伪，怎料玉匠不识璞玉，便断言是一块普通的石头。楚厉王以欺君之罪下令砍去了卞和的左脚。楚武王即位后，卞和又将那块玉献给楚武王，却被楚武王砍去了右脚。荆山之下，卞和抱玉恸哭，双眼泣血，终于惊动了即位的楚文王。楚文王派使臣去问卞和为何而哭，卞和告诉使臣，他不是为失去双脚而哭，而是为美玉不能闻名天下，被人当成石头而伤心。楚文王听后，马上令人剖开璞玉，果然得到一块举世无双的宝玉，也就是"和氏璧"。为了补偿和嘉奖卞和，楚文王加封卞和为陵阳侯，但卞和早已心灰意冷，只愿归老荆山。

李商隐在诗中说：我每天都要在黄昏的时候封存官印，清点刑徒，看遍百姓的苦楚，遭受内心的折磨，真是愧对眼前秀丽的荆山（弘农境内正好也有一座荆山）啊。现在，我是真羡慕那位被砍去双脚的卞和，因为他不必站在县衙的台阶下，忍受趋走之苦。

> 素琴弦断酒瓶空，倚坐欹眠日已中。
>
> 谁向刘灵天幕内，更当陶令北窗风。

——《假日》

请假之后，李商隐每天欹眠独坐，借酒浇愁，醒来时日已中天。

那是一段疏狂放纵的日子，也是一段迷茫痛苦的日子。

他想起刘伶即诗中所称刘灵的《酒德颂》："天地为一朝，万期为须臾。日月为扃牖，八荒为庭衢。行无辙迹，居无室庐。幕天席地，纵意所如。"多么令人向往。

但是，他如何做得到刘伶那般洒脱不羁、无欲无求呢？他是一个背负着期望，怀抱着理想的人，却每天感觉到深深的无力，不知道何去何从……

就在这个时候，因为朝中人事变动，观察史孙简被调走，诗人姚合成了新上任的观察史。

甲之砒霜，乙之蜜糖，孙简恨不得李商隐永远从眼前消失，姚合却因为喜欢李商隐的诗文而对其礼遇有加，恨不能引为知己。

在姚合的劝说下，李商隐勉为其难留了下来，官复原职。

不过李商隐知道，弘农县尉，终究不是长久之计。工作之余，他还是在静静地等待新的契机。

开成五年（公元840年）春，唐文宗病重，朝中再次卷起了一场长达九个月的血雨腥风。仇士良、鱼弘志矫诏废皇太子，立颍王李瀍为皇太弟，文宗一驾崩，颍王即登基，是为武宗。

之前站错队的人重则被灭族，轻则遭贬谪。

九月，随着李党首领李德裕的回朝，牛党骨干纷纷被逐出京城，朝堂之上暂时尘埃落定。

王茂元也因为在泾原任满被调入京城。

那个春天，不知道还有多少人和李商隐一样愿意为文宗写诗："历览前贤国与家，成由勤俭破由奢。何须琥珀方为枕，岂得真珠始是车。运去不逢青海马，力穷难拔蜀山蛇。几人曾预南薰曲，终古苍梧哭翠华。"

李商隐感叹，文宗一生勤俭，从没有奢侈过，却依旧无力改变王朝江河日下的命运，还要受制于家奴，又无法与真正的英才相遇，真是让人悲恸啊！

> 旧镜鸾何处，衰桐凤不栖。
>
> 金钱饶孔雀，锦段落山鸡。
>
> 王子调清管，天人降紫泥。
>
> 岂无云路分，相望不应迷。
>
> ——《鸾凤》

是年九月，李商隐向姚合提交辞呈，请求卸任回长安，向吏部申请新的职务。

吏部有没有新的官职给他，他并无把握，但他还是想再努力一次，哪怕是再次参加制举考试，也好过在弘农蹉跎年华，被人慢慢遗忘——朝中风向已变，或可觅得一丝转机。

而且，如《鸾凤》诗中所写，他也相信自己是鸾凤之才，属于他的那条青云之路，并非没有希望，只是缘分未到罢了。

至于弃官隐居——就像世间所有仕途失意的人都喜欢陶渊明，但真正要去效仿陶渊明的人却屈指可数。

大多数时候，陶渊明只是一面可以投射情绪的镜子——喜欢陶渊明总不会出错，说明你的骨子里也流淌着高士的基因。

发明了中隐的白居易是个清醒人，陶渊明谁不喜欢呢，但效仿就大可不必了，披发入丘樊，怎忍饥与寒？

将五斗米，换北窗风，毕竟尘缘未尽，到底还是不甘。

也不过是一时情感的荡漾罢了。

樊南野菊

看起来，似乎是爱情决定了李商隐的命运。但命运从来就是千丝万缕、环环相扣的，爱情不过是其中的一扣而已，命运之上，有着远比世事更复杂的人心。

开成五年（公元840年）秋，李商隐频繁奔波于弘农与长安之间，到了冬天，樊南的新居终于落成。

樊南，即长安樊川之南。

樊川位于少陵原与神禾原之间，是潏河的冲积平原，距长安大约二十里，因刘邦将其封赏给樊哙而得名。隋唐时期，樊川僧侣云集，寺庙香火旺盛，又因在唐高宗时成为玄奘的埋骨之地而闻名。清人傅增湘的《秦游日录》里说樊川是"自韦曲而南，长渠分注，土壤丰腴，蔬圃稻畦，罫纷绮错，田庐鸡犬，恍如江南水村图画中"，故有"小江南"之称。

彼时，朝廷官员流行在长安周边置别业，樊川、辋川一带格外受青睐，譬如王维的辋川别业，"雨中草色绿堪染，水上桃花红欲燃"就是山水田园诗里永恒的春天。杜甫和杜牧也在樊川有宅邸，他们一个是"樊川野老"，一个继承了爷爷的房产，自号"樊川居士"。

卸任弘农县尉后，李商隐有心在长安重觅官职，但长安物贵，居大不易，而樊南乡下风景优美，费用低廉，也算是一种接近中心的"迂回战术"。

新居落成之后，虽是陋室，但总是属于自己的小窝，能遮风避雨，还能免去寄人篱下的不安。

李商隐把母亲接到樊南居住，温柔体贴的晏媄也陪伴在他身边，甘愿与他做一对箪食瓢饮的柴米夫妻，李商隐的内心获得了极大的安慰，却也伴随着挥之不去的愧疚。

晏媄从小锦衣玉食，本可以嫁一位门当户对的如意郎君，之所以选择李商隐，无非是看中了他的才华与抱负。

因此，无论如何，李商隐都必须承担起家庭的责任，为自己打拼出一份前程，哪怕只是为了证明王家的选择是对的。

惜别夏仍半，回途秋已期。

那修直谏草，更赋赠行诗。

锦段知无报，青萍肯见疑。

人生有通塞，公等系安危。

警露鹤辞侣，吸风蝉抱枝。

弹冠如不问，又到扫门时。

——《酬别令狐补阙》

　　是年秋天，为父丁忧期满的令狐绹回到朝中，依旧任左补阙。

　　这首诗就是那个时候李商隐写给令狐绹的。而细读这首诗，便不难发现，这对昔日好友之间，已经产生了情感的裂痕。

　　是什么时候开始，李商隐感觉到了令狐绹的疏远与猜忌？

　　或许是他选择去泾州时，小人的谗言就传到了令狐绹的耳朵里——后来他成为王茂元的女婿，回长安登门拜访，令狐绹"恰好外出"，往返弘农时，每次写去的信件，也都石沉大海。

　　因为王茂元与李德裕相交甚密——唐武宗登基后，李德裕重夺相位，王茂元泾州任满回到长安，又火速出任忠武军节度使、陈许观察史，手握重兵，便是明晃晃的佐证。王茂元在政治派系上属于李党，自然与牛党水火不容，如史册写："德裕与李宗闵、杨嗣复、令狐楚大相仇怨。"

　　而李商隐不知道，自他踏入令狐楚幕府那一刻起，身上就被打上了"牛党"的烙印。

　　在牛党的眼中，李商隐受令狐家之恩，就是受牛党之恩；李商隐进入王茂元幕府，就是进入李党幕府；李商隐娶王茂元的女儿，就是与牛党割席，就是忘恩负义，恩将仇报。

　　李商隐诗中的"锦段知无报"，依然是出自张衡的《四愁诗》——"美人赠我锦绣段，何以报之青玉案"，意思是令狐家的恩情，我还没来得及报答，怎么可能站在令狐家的对立面，做忘恩负义的事情呢？

"青萍肯见疑"，青萍，即宝剑，典出西汉文学家邹阳在狱中写给梁孝王的书信，洋洋千言，都在说四个字——人言可畏。里面有："明月之珠，夜光之璧，以暗投人于道，众莫不按剑相眄者，何则？无因而至前也。蟠木根柢，轮囷离奇，而为万乘器者，何则？以左右先为之容也。"意思是明月珠、夜光璧都是宝物，但如果在夜路上投给陌生人，人家也会按剑相看，生出疑心来。为什么呢？因为没有人事先告知，按剑之人并不知情。那些不成材的弯木与树根却能为君主所用，则是因为君主身边的人事先将其粉饰了一番。李商隐用此典表明自己的一片冰心，请令狐绹不要轻信谗言。

"弹冠"，典出"王阳在位，贡公弹冠"，说汉代琅琊人王吉（字子阳）被召去当谏议大夫后，他的好友贡禹就把自己的帽子也取出来弹去灰尘，准备戴上。果然在王吉的援引下，贡禹也被任命为谏议大夫。故有"弹冠之友"一说。

"扫门"出自《史记》，魏勃年少家贫，不能直接求见丞相曹参，就每天去给相府舍人打扫门前的卫生。舍人被魏勃的诚意打动，就把魏勃引荐给曹参。曹参又把魏勃推荐给齐悼惠王。齐悼惠王过世后，魏勃便成了丞相。大才子骆宾王就曾感叹："久留郎署终难遇，空扫相门谁见知。"

李商隐在诗中加入以上典故，情意之切，不过是希望令狐绹不要听信小人的谗言，看到自己的诚意，眷顾他们昔日的情分，从而获得令狐绹的帮助与援引。

但令狐绹无动于衷。

想那多年前李商隐进入令狐楚幕府时，令狐楚的身边也一直有人进谗。

李商隐曾经在文章中怀念令狐楚对自己的爱护——"人誉公怜，人僭公骂"，意思是那个时候，面对赞誉李商隐的话，令狐楚只觉得受用，对李商隐越发喜爱；旁人若是诽谤李商隐，就会遭到令狐楚的责骂。可见令狐楚对李商隐的爱护和绝对的信任。

那么如果令狐楚尚在人世，又会对李商隐结亲王茂元一事怎么看？

有人说令狐家并未真正地为李商隐的前途而考量，而且当初李商隐被一名中书省的大官以"此人不堪"为由抹去了名字，正是令狐绹在背后作梗，原因就是前一年令狐楚邀请李商隐去兴元幕府，李商隐过了几个月才去，当时又与王茂元的女婿韩瞻很是亲近，不免让令狐绹心怀不满。

史书里说令狐绹睚眦必报，胸怀不够宽广——或可备一说。

令狐绹拜相之后，得知唐宣宗很喜欢《菩萨蛮》的曲子，便悄悄邀请儿子的好友、大才子温庭筠代他填二十首《菩萨蛮》讨天子欢心，并一再叮嘱，代笔一事千万不可声张。怎料温庭筠酒后吐真言，很快就把代笔一事张扬了出去，还嘲笑令狐绹不知词中"玉条脱"（女子臂饰）为何物，直言令狐相公胸无点墨，从此断送了自己的政治前程。温庭筠屡试不第，都是因为曾有某位大官说他"有才无形，不宜与第"。

"有才无形""此人不堪"，多么相似的判词！

根据《资治通鉴》上的记载，令狐绹后来能够升任宰相，很大程度是唐宣宗感动于令狐楚对宪宗的忠诚。唐宪宗死后，令狐楚担任其山陵使，与百官奉宪宗灵柩往景陵下葬，途中遭遇狂风暴雨，六宫嫔妃与百官都急着躲避，唯有令狐楚守在宪宗灵柩旁，丝毫不为风雨所动，让当时站在队伍中的宪宗第十三子李怡——即后来改名李忱的唐宣宗记忆尤深。大中三年（公元849年）二月，令狐绹由湖州刺史调任中书舍人，掌制诰，参与机密政事，权力日重，第二年便登上相位。

史书还说："令狐绹作相，商隐屡启陈情，绹不之省""绹当国，商隐归，穷自解，绹憾不置"……

也可以看出李商隐与令狐绹之间确实存在着剪不断理还乱的恩怨。

> 嵩云秦树久离居，双鲤迢迢一纸书。
> 休问梁园旧宾客，茂陵秋雨病相如。
>
> ——《寄令狐郎中》

尽管令狐绹并没有理会李商隐，但在李商隐心里，令狐绹依然是磊落的君子，他依然孜孜不倦地给令狐绹写诗写信，依然相信念念不忘，终有回响。

一直到会昌三年（公元843年）左右，令狐绹对李商隐的态度才稍微破冰，李商隐的诗集里，终于出现了令狐绹的回音。

当时令狐绹正在朝中任右司郎中，李商隐则在洛阳乡间守母丧，一度贫病交加。令狐绹写信来问候李商隐，李商隐便以此诗回复。

李商隐把自己比喻成嵩山的云，把令狐绹比喻成秦地的树，唏嘘彼此离居已经太久太久了，收到令狐绹寄来的书信，一时间感触万千。

诗中还用到了司马相如的典故。梁园，即西汉梁孝王修建的园林。梁园旧宾客正是曾为梁孝王府中宾客的司马相如。司马相如是历史上著名的才子，汉赋四大家之一，后因病免官，住在茂陵。有一天，天子想起司马相如，便派人去茂陵找他，而那个时候，司马相如已经去世了。

秋风萧瑟，加上愁病的折磨，李商隐愈感身世凄凉。他会不会也像司马相如一样，在乡间被人遗忘，郁郁终老？

通常，一个人若处于悲苦的环境中，压垮情感防线的最后一根稻草，可能不是新的苦楚，而是一句迟来的："你好吗？"

休问，休问。

望郎临古郡，佳句洒丹青。

应自丘迟宅，仍过柳恽汀。

封来江渺渺，信去雨冥冥。

句曲闻仙诀，临川得佛经。

朝吟支客枕，夜读漱僧瓶。

不见衔芦雁，空流腐草萤。

土宜悲坎井，天怒识雷霆。

象卉分疆近，蛟涎浸岸腥。

补羸贪紫桂，负气托青萍。

万里悬离抱，危于讼阁铃。

————《酬令狐郎中见寄》

到了会昌六年（公元846年），唐武宗驾崩，唐宣宗即位，朝中牛李党争的局势再次扭转。

牛党得势后，李党领袖李德裕被贬出长安，一蹶不振。

宣宗大中元年（公元847年），李党成员给事中郑亚被贬为桂州刺史、桂管观察使。郑亚早就听闻李商隐之才，便以丰厚的报酬聘请李商隐到桂州幕府担任掌书记。

是年三月，李商隐从长安出发，一路舟车劳顿，抵达当时的蛮夷之地桂州。令狐绹得知李商隐再入李党幕府后，不禁对李商隐大发雷霆，他写信给李商隐，多"怨怒之言"，李商隐只好写下这首《酬令狐郎中见寄》陈情。

李商隐在诗中说自己不能像大雁一样衔着芦草做窝，安稳度过季节的转换，而是像腐草中的流萤一样，漂泊无定，为生活奔波。心伤悲兮，所以目光短浅，只能胡乱地抓住眼前的机遇，如浅井之蛙囿于现状，闻雷霆，方知天怒。

身体羸弱的人，自然会贪恋传说中的仙药——紫桂，因为食后即可长生。但他的心依旧是青萍宝剑在，意气从不曾改变。

对于令狐绹的震怒，他实在是感到抱歉。他受生活所迫才不远

万里离开家人朋友，去往水土不服的桂州，就像挂在官府门前给上
诉者敲击的铜铃，忐忑不安，且有性命之忧——桂州乃交趾之地，
产大象，瘴气横生，是一片相传被蛟龙涎水浸泡过的土地。而他去
郑亚幕府，仅仅只是因为想给家人好一点的生活，而非怀着攀附或
某种不可告人的政治目的。

> 昨夜玉轮明，传闻近太清。
>
> 凉波冲碧瓦，晓晕落金茎。
>
> 露索秦宫井，风弦汉殿筝。
>
> 几时绵竹颂，拟荐子虚名。
>
> ——《令狐舍人说昨夜西掖玩月，因戏赠》

翻阅李商隐的诗集，会发现主人公的情感与命运已经深深地
和诗歌结合在了一起，他一生坎坷，诗作也多是寒蝉凄切，夜雨霖
铃。反观令狐绹，生在令狐家，因为父亲的余荫，加之自己个性圆
滑，人生一路顺遂，官职也越来越高。

大中三年（公元849年），令狐绹已是中书舍人，李商隐又回
到了长安，却是到京兆府做了一名小小的县尉，官阶依旧比初入秘
书省时的校书郎还要低微。在长安兜兜转转那么多年，他依旧连进
阶的那道门都没有摸到。

西掖乃中书省的别称。"中书在右，因谓中书为右曹。又称西
掖。"看诗中所写，这时两人的关系似乎又有回暖的迹象。令狐绹
向李商隐说起在中书省赏月的事情，李商隐再次半开玩笑地在诗中

请求令狐绹的帮助。

李商隐也再次写到司马相如。

"子虚"，即司马相如的《子虚赋》。《史记》里说司马相如作《子虚赋》，汉武帝读后大加赞赏，以为是古人所写。蜀人狗监杨得意与司马相如是同乡，立即向汉武帝推荐司马相如，司马相如便成了郎官。

《绵竹颂》则是扬雄——扬子云所写。扬子云少时好学，博览多识，酷好辞赋，非常钦慕司马相如。汉成帝喜欢辞赋，蜀人直宿郎杨庄便特意在汉成帝面前诵读《绵竹颂》，以此援引同乡扬子云。后扬子云果然被汉成帝召入宫廷，侍从祭祀游猎，任给事黄门郎。

那么令狐绹是否愿意像杨得意和杨庄帮助同乡一样，向他李商隐施以援手呢？

显然，并没有。

> 曾共山翁把酒卮，霜天白菊绕阶墀。
> 十年泉下无消息，九日樽前有所思。
> 不学汉臣栽苜蓿，空教楚客咏江蓠。
> 郎君官贵施行马，东阁无因再得窥。
>
> ——《九日》

李商隐还写过一首《野菊》，疑似与《九日》是同一时期的作品："苦竹园南椒坞边，微香冉冉泪涓涓。已悲节物同寒雁，忍委芳心与暮蝉。细路独来当此夕,清尊相伴省他年。紫云新苑移花处,不取霜栽近御筵。"

秋日重阳,菊开之时,李商隐总是想起曾经与令狐楚在天平幕府把酒写诗的时光:"每水槛花朝,菊亭雪夜,篇什率征于继和,杯觞曲赐其尽欢。委曲款言,绸缪顾遇。"

他感叹令狐楚过世才十年,令狐绹与自己的关系竟然落到了这般田地。昔日知己一路青云,却忍心看着自己沦落尘泥,如寒雁孤鸣,暮蝉呜咽,真是无限悲凉。

史书中说令狐绹深受唐宣宗信任,便想壮大令狐家族在朝中的势力,但凡选官,必援引令狐家族的人,于是出现了士子纷纷改姓"令狐"之怪象。李商隐看着那么多的无才之人通过令狐绹的关系进入朝中,身居要职,而令狐绹偏偏对故交的求助视若无睹,更是让他悲之切之。

《九日》《野菊》看似都是写菊,实际上,每一句都是李商隐在写自己。

那个秋天,继"玉谿生"之后,李商隐又给自己起了一个"樊南生"的称号。樊南是他脱离岳父的羽翼,给妻子晏媄一个小家的地方。

人生天地间,愿得卿卿一心人,愿做樊南一书生。

那个秋天,李商隐还在樊南的落落野菊身上看到了自己的命运。

他的一生,多么像椒坞边的野菊,与苦竹为伍,与花椒共生,自生自灭，自赏孤芳。他不是人间富贵花，依然努力绽放自己的美丽，散发出淡雅的香气。他被人贵之，赏之，被人视若珍宝；也被人误读，被人冷落，被人视为草芥。

常有人说，李商隐如果不娶王茂元的女儿，或许就不会葬送自己的政治前途。

的确，就像曾经与他一起受恩于令狐家的蔡京一样，以对牛党的绝对忠诚，换取了早早进士及第的机会与后半生的亨通仕途。

看起来，似乎是爱情决定了李商隐的命运。但命运从来就是千丝万缕、环环相扣的，爱情不过是其中的一扣而已，命运之上，有着远比世事更复杂的人心。

李商隐甚至不知道自己何错之有。

他在情感上从不曾背弃令狐家，而且如果令狐家真的有需要他的地方，他必定赴汤蹈火，义不容辞，就像当初他放弃选官的机会，日夜兼程赶往病危的令狐楚身边一样。

世事洞明皆学问，人情练达即文章。显然，李商隐虽然学富五车，但在世故与机心面前，他就是一个幼童。

反观令狐绹，才华远不及李商隐，却可以在那样的政治环境下身居相位长达十年之久，即便是在李党专政的年代，也成功做到了风浪不沾身。除了生在令狐家的天然优势之外，又哪里少得了政客必备的城府与手腕呢？

李商隐自小耳濡目染的就是不忮不求的君子之道，"不忮不求，道诚有在，自媒自炫，病或未能"，意思是不嫉妒，不贪求，也不自我炫耀、自我推介。一个连行卷都不太愿意的人，又哪里会有什么攀附李党之心？

他近乎卑微地去联络令狐绹，除了对功名的极度渴求之外，当然还是不愿意相信，昔日可以与自己互剖心肝的令狐绹，真的那么冷漠与绝情。

他也不知道，世间贡公常有，王阳不常有；魏勃常有，曹参不常有；令狐绹常有，令狐楚不常有。

李商隐以李商隐之心度令狐绹之心，令狐绹以令狐绹之心度李商隐之心，而李商隐与令狐绹，本就不是一路人。

真是令人感叹。

从十八岁开始，李商隐的文学之路、情感之路、科举之路与仕宦之路都紧密地与令狐家牵系在了一起，从令狐楚的厚恩，到令狐绹的凉薄；从意气风发，初涉幕府，到愁绪百结，郁郁而终……

套用一句茨威格的话就是，那个时候的李商隐还是太年轻，不知道命运给的一切馈赠，都在暗中标好了价格。

昨夜星辰昨夜风

　　在会昌二年的星辰之下，风起于青萍之末，李商隐当时想的是什么，或许迄今为止，依旧没有人知道，又或许，心里有什么的人，看见的就是什么。

　　会昌元年。

　　长安残雪尚未消融，一个新的时代已悄然到来。

　　一朝天子一朝臣，那也是一个果敢的帝王与铁腕的宰相同心共德、携手合作，被誉为"晚唐绝唱"的时代。

　　唐武宗，与他的哥哥唐文宗一样，也是由宦官集团拥立上位的。只不过宦官们没想到，他们机关算尽、大开杀戒得以拿捏在手中的那枚权力的棋子，那个沉迷道教，喜欢骑马游乐的颖王，居然有一颗强大的心脏与清醒的头脑。唐武宗雷厉风行，知人善用，喜怒不形于色，一登上帝位就马上召回李德裕，并给其绝对的权力与信任。对于拥立他的宦官，他吸取"甘露之变"的教训，一面用受益人的身份假意安抚，表面对其尊宠；一面又用帝王的威严加以震慑，不断削其实权，便发现那些宦官不过是骑在老虎身上的狐狸，算是巧妙化解了文宗曾经被迫承受的痛苦与屈辱，仇士良主动辞官后，整个朝堂为之一振。

但唐武宗同时也是个一意孤行的帝王，心怀中兴之志，也迷信神仙之道。他在宫中修建道观，拜方士为师，面对朝中大臣的谏诤，他从不理睬，有些人甚至被他贬出京城（李德裕除外），最后，登基短短数年，便落了个命丧丹药的下场。

李德裕，唐代名相，李党首魁。史册上，李德裕政绩显赫——外攘回纥、内平泽潞、裁汰冗官、制驭宦官；他仕途坎坷，因位高权重屡次遭忌，五次被贬出京城；他锦衣玉食，生活极度奢靡，据说一生吃掉一万头羊，被百姓讥讽为"万羊宰相"；他曾在武宗时期奏请改撰《宪宗实录》，命史官删除父亲李吉甫在元和年间不善事迹，遭时人非议；他也曾在武宗想杀掉在夺位之战中站错队伍的牛党骨干李珏、杨嗣复时，不计个人恩怨，三次为昔日的对手求情，请武宗赦其死罪。

在李商隐眼中，李德裕不仅是"万古之良相"，还是"一代之高士"，听闻李德裕爱才如渴，经常提拔出身贫寒的读书人，李商隐不禁期盼，有一天可以获得李德裕的赏识。

那时，他正马不停蹄地前往华州，不得不为生计而低头。

在华州，李商隐的工作依旧是幕府书记，依旧负责草拟文书。十年幕府生涯，府主从令狐楚到王茂元，再到周墀，李商隐的文书功夫早已锻炼得出神入化，堪称当时的"第一骈文高手"。

但不知为何，工作分明如鱼得水，他却经常有窒息之感。

　　　　郡斋何用酒如泉，饮德先时已醉眠。

　　　　若共门人推礼分，戴崇争得及彭宣。

　　　　　　　　　　　　　——《华州周大夫宴席》

　　周大夫，即周墀。周墀擅长史学，被唐文宗雅重，文宗曾在他面前自比周赧王和汉献帝而黯然神伤。武宗登基后，周墀外调华州任节度使。

　　而对于李商隐来说，樊南乡下虽好，毕竟没有俸禄薪水，他只能暂时重操幕职，以工资维持家中的生计。那么除了岳父王茂元那边，还有谁可以依靠呢？

　　李商隐想到了周墀。

　　他记得三年前的春天，他到长安应制举"博学宏辞科"考试，考官正是周墀与李回，两位考官都给了他极高的名次。

　　换言之，他的才华是被他们认可的。

　　在这首诗中，李商隐写自己在周墀府邸中参加宴会，看到美酒如泉，宾客如云，非常感念周墀曾经在那次考试中对自己的认可，那是一种莫大的恩惠。虽然他并没有被录取，但在他心里，他已经是周墀的门人。

　　不过，周墀的门人却不止李商隐一个。

　　李商隐，也不是他最钟爱最愿意亲近的那一个。

　　不知不觉间，李商隐已经感觉到了这一点。相比之前的府主，周墀对李商隐并没有什么与众不同的情分——不远不近，客客气气。

　　客客气气，明面上是"礼"，实际上却是"疏"。

《汉书》里记载，彭宣与戴崇都是西汉丞相张禹有成就的弟子。来自淮阳的彭宣官至大司空，来自沛郡的戴崇官至少府九卿。彭宣为人恭顺俭朴，有准有则；戴崇性情和乐平易，有智有谋。张禹对彭宣客客气气，但心里却更喜欢戴崇。戴崇每次来访，张禹都会设宴款待，然后两人一起进入后堂饮酒，身边还有优伶奏乐，一直到深夜。而彭宣来拜访张禹，张禹都会在厢房接待对方，与之谈论的是经书义理，天下大事，请他吃饭也是简朴的一碗肉一壶酒而已。张禹对待两位弟子的方式亲疏有别，彭宣与戴崇对他们的老师却依旧很是尊重，私下并没有什么意见。

在诗中，李商隐把周墀比作张禹，把自己比作彭宣——"戴崇争得及彭宣"，他想问"张禹"，彭宣真的比不上戴崇吗？

当然不是。自古以来，"喜欢""亲切"都是非常私人化的情感，与家世、相貌尚且无关，与才华、能力又有多大关系呢？

想来李商隐对周墀也依旧很是尊重，私下并没有什么意见，但在诗句中，还是流露出了心酸。

就是这心酸，扼住了他的喉咙，也为他未满一年即请辞离开华州埋下了伏笔。

> 一树浓姿独看来，秋庭暮雨类轻埃。
>
> 不先摇落应为有，已欲别离休更开。
>
> 桃绶含情依露井，柳绵相忆隔章台。
>
> 天涯地角同荣谢，岂要移根上苑栽。
>
> ——《临发崇让宅紫薇》

是年秋，王茂元来信，希望李商隐可以去他的幕府帮忙。忠武军节度使辖陈州（今河南淮阳）、许州（今河南许昌），治所则在陈州。

有了这个契机，李商隐刚好可以辞去并不如意的华州幕职，前往陈州等待时机。途中路过洛阳，李商隐在崇让宅歇脚，临行时，通过一树盛开的紫薇，联系自身处境，写下了这首诗。

崇让宅是王茂元在洛阳的宅邸，也是晏媄从小生活的地方，后来，他与晏媄还在那里居住过。

紫薇花期很长，从盛夏一直开到深秋，紫红色的花瓣如薄绢在枝头团团簇簇，无风自袅，有一种令人心颤的美。

可以想象，当时李商隐背着行囊一个人站在庭院里，看着秋雨霏霏，花树缱绻，暮色如纱幔一样降落，又像是一层轻薄的尘埃，心绪也曲径幽深起来——

深秋时节，草木摇落，唯有紫薇你独放枝头，迟迟不愿凋谢，可是为我而开？

而我只是一个孤独的过客，即将与你离别。那么我走之后，就请你不要再展露芬芳，惹我思念与神伤。

桃花生在露井上，柳树青青在章台。想这天地之间，草木花树，岁岁枯荣，各有归处，各得其所，又何必纷纷移根去长安上苑呢？

上苑，即上林苑，长安之西的汉代园林，相传有三百里之广，内有全国各地移植而来的奇花异木三千余种。

在诗中，前路迷茫的李商隐以"上苑"比朝堂，以紫薇比自己。天涯地角，何处不是容身之处，真的非仕途不可吗？

他不知道。

但字里行间，显然又有了思退之意。

到陈州后，李商隐果然为岳父解了燃眉之急。

文书工作并不是有才华就能胜任。自李商隐离开泾州，王茂元就一直没能找到比李商隐更懂得他心意的人。李商隐骈文天下无匹，不仅可以将文字的力量发挥到极致，还慢慢学会了如何审时度势，以及用语言为府主抚平内心每一个细微的褶皱。

一篇完美的文书，可抵千军万马。

然而即便千军万马，也是为他人做嫁衣，李商隐志不在此。

上苑虽拥挤，水土也可能不服，但要他就此放弃，到底还是意难平。

会昌二年（公元842年）春，三十一岁的李商隐再次来到长安，参加吏部的"书判拔萃科"考试，结果再次被分到秘书省。

不过，这一次，他的官职已成了"正字"，比校书郎更低一阶。

时隔三年，兜兜转转又回来，昔日的同事已成了如今的上司，如果不去计较那些鄙夷与讥讽的目光，便只能叹一句造化弄人。

官职低一阶确实有些遗憾，但总算是又来到了登天之梯的面前。

李商隐工作的秘书省位于皇城中部，天子则居住在北部，几道宫墙的距离，近在咫尺，也远在天边。能否成为天子近臣，一路摸爬滚打，的确是任凭各自的造化。但可以肯定的是，没有进入宫墙的人，连摸爬滚打的机会都没有。

> 昨夜星辰昨夜风，画楼西畔桂堂东。
> 身无彩凤双飞翼，心有灵犀一点通。
> 隔座送钩春酒暖，分曹射覆蜡灯红。
> 嗟余听鼓应官去，走马兰台类转蓬。
>
> 闻道阊门萼绿华，昔年相望抵天涯。
> 岂知一夜秦楼客，偷看吴王苑内花。
>
> ——《无题二首》

如果说《无题》诗是李商隐的代表作，那么这两首诗就是《无题》的代表作。"身无彩凤双飞翼，心有灵犀一点通"一度被誉为最美的唐诗，世间也自此多了一个"心有灵犀"的成语。

这两首诗，在很多人眼中，还是李商隐写给妻子的第一封情书。

这美丽误会背后，当然是人们对爱情的美好想象，忠贞不渝的爱，只为一人，只此一生。

然而实际上，这两首诗都是李商隐第二次进入秘书省的作品。

会昌二年，在兰台担任正字的李商隐给我们留下了这《无题》二首，也就给我们留下了走向他隐晦又浩瀚的内心世界的一叶小舟。

那是一场盛大的宴席。

主人设宴在画楼之西，桂堂以东，满堂宾客，欢饮达旦。

隔座的佳人正在暖酒，云鬓花颜，步摇在迷蒙的灯光中荡漾。

葡萄美酒夜光杯，他一饮而尽，眼神温柔又沉醉，杯子里都是春天的味道。那杯酒仿佛也唤醒了他们心中的灵犀，让彼此的情意有了共鸣与回声。

"送钩"，又叫藏钩，古代宴会中的一种游戏，钩在暗中传递，请人来猜在谁手中，猜不对即罚酒。

另有"猜拳"一典，出自汉武帝的宠妃赵婕好，相传她自出生到成年都是双拳紧握，无法松开，一直到见到汉武帝，才得以伸开手指。汉武帝见她貌美，便将其带回宫中，封"拳夫人"，后来，汉武帝又让她入住钩弋宫，称"钩弋夫人"。猜拳游戏，正是源自钩弋宫。

"分曹"，即两两分组。曹，偶数也。

"射覆"，射为猜度，覆即覆盖。射覆起源于易学八卦，卦师可根据器物的形状，覆盖的时间，或者对方的提示起卦，然后进行猜测。后来慢慢发展为日常生活中的玩乐游戏，又常见于宴席酒令。

"分曹""射覆"与"送钩"一样，都是行酒令的流程与方式，用来衬托宴会的盛大与热闹。

但就在红烛摇曳、酒酣耳热的时候，窗外传来了报晓的鼓声。

他只好辞别宴席的主人，匆匆前往兰台上班，一如蓬草飞转，身不由己。

便不禁叹息，与佳人下一次相见，又在何时何地呢？

在第二首诗中，李商隐又把酒宴上的佳人比作天上的仙子萼绿华。

萼绿华是有名的道教女仙，出自《真诰》，玉阳学道时，李商隐就曾在书中读到过萼绿华的故事，说萼绿华喜欢着青衣，是个二十岁上下的妙龄女子，容貌绝世，来去无踪。晋穆帝时期，她在一个夜间降临羊权家，自此每月来六次，相赠羊权诗歌与宝物。后来，文人墨客也常用萼绿华来比拟曾在道观清修又还俗的女子。

秦楼客，就是秦穆公的女婿萧史，也是李商隐笔下的常客。萧史用吹箫的才华吸引来了凤凰，还娶到了穆公的女儿弄玉。李商隐把自己比作萧史，那一次夜宴，就像萧史误入穆公的凤楼。

他还把宴席上的那位佳人比作西施。阊门，乃苏州古城之西门，代指吴宫。他说自己有幸进入吴王的宫殿，目睹了西施的芳容。

所以又有人认为，这是李商隐写的两首艳情诗，"艳丽而不猥亵，情真而不痴癫"，源于他在某位高官的宴席上，与主人家的某个美妾互生情愫，暗通款曲。

但纵观李商隐的人生，他写下过无数的情诗，真正交往过的女性却屈指可数。遇见晏媄之前，他曾有过一段婚姻，然而时间地点人物，在他的诗文中没有留下任何痕迹。第二任妻子晏媄过世后，他的府主怜他孤独，劝他续弦，又赶紧为他介绍女友，却被他婉拒："至于南国妖姬，丛台妙妓，虽有涉于篇什，实不接于风流。"意思是那些诗里写到的缠绵情事，纯属虚构，仅作寸心之托，并不曾真的发生过。

这两首《无题》，是席上风流，是纯属虚构，还是另有所托？

只知道《无题》诞生的时候，李商隐正在兰台，一腔婉转心事，若真的另有所托，托的又是什么？

或许，还是有关仕途与友情吧。

进入兰台之前，李商隐曾写诗给令狐绹，想要获得令狐绹的帮助，但令狐绹那边并没有任何回应。数年后，李商隐在诗中写"郎君官贵施行马，东阁无因再得窥"——那么在此之前的"窥视"，"偷看吴王苑内花"算不算？

他渴望与令狐绹回归曾经无话不谈的那种亲密敞亮的关系，遗憾破镜难圆，覆水难收，重修旧好也只是他的一厢情愿。

曾经他写诗打趣令狐绹，在诗中亲昵地叫令狐绹"子直"，他可以用好友的身份平视对方。令狐楚过世后，他进入王茂元幕府，与晏媄结婚，令狐绹也一路高升，他们之间的距离越来越远。他看令狐绹，也渐渐从平视变成仰视，再从仰视变成窥视——仰视，说明对方还站在面前，而窥视，则是已经被对方关在门外了。

而自从得罪了令狐绹，李商隐身边的闲言碎语，包括莫名的横眉冷眼，就一直没有消散过。如今，我们还能在《旧唐书》

《新唐书》中找到蛛丝马迹，并以此拼接出李商隐的外部环境与心迹："令狐绹作相，商隐屡启陈情，绹不之省。""绹当国，商隐归，穷自解，绹憾不置。""商隐既为茂元从事，宗闵党大薄之。时令狐楚已卒，子绹为员外郎，以商隐背恩，尤恶其无行。"……

也可以说，李商隐得罪的，不仅是令狐绹，还是一张错综复杂的硕大的无形的关系网。

就像曾经受牛党之恩，却入了李党的幕府，娶了李党的女儿，李商隐辞去弘农县尉后，同样没有吸取"教训"，依旧是暧昧不明地摇摆于两党之间——先是去了周墀幕府任职，而忽略了周墀正是牛党举足轻重的人物；再是去了王茂元那边帮忙，用登峰造极的公文能力为岳父解忧，继而为李党扫平障碍；然后又写诗给令狐绹请求原谅，仿佛在他眼里，令狐绹的身份只是误解自己的兄弟，却看不见令狐绹是牛党新贵，宰相的候选人……

最后，便渐渐沦为风箱之鼠，进退维谷。

讽刺的是，偌大朝堂，再没有他的立足之地；满腹经纶，也只能一次又一次地栖身幕府；一个群而不党的人，居然被那些党而不群的人冷落、鄙夷和排挤，贴上"背恩""无行"的标签。

羚羊挂角无迹可寻，草蛇灰线伏脉千里。

至于《无题》二首，只能说诗词通常都与诗人的心境联系颇深，而心境又通常与诗人所处的环境息息相关。

一个人的内心，本身就是一个神秘莫测的世界。

生如宴席，诗词也只是一个盛放心事的器具，就像送钩，就像射覆。

在会昌二年的星辰之下，风起于青萍之末，李商隐当时想的是什么，或许迄今为止，依旧没有人知道，又或许，心里有什么的人，看见的就是什么。

忘却在山家

　　　　若他心在山家，何必忘却山家？若他真的忘却牧与
樵，又何必在意昔日的好友全都身在烟霄？自喜、自遣，
到底还是无法自适的自苦、自伤。

　　会昌二年冬，因为母亲突然病逝，李商隐向秘书省请了一个长
假，停职居家守丧。

　　那个冬天，樊南白雪茫茫，乡村天地之间静得出奇。为母守丧
的日子也是安静的，静到孤寒。

　　尤其在夜间，万籁俱寂，李商隐经常听到内心风声四起，无法
止息。

　　收到母亲离世的消息，不仅意味着那个带给他生命的人将永远
与他阴阳两隔，还意味着他费尽力气、受尽白眼爬上的政治阶梯，
极有可能突然中断，他将再一次跌落原地。

　　那么三年之后，李商隐轻如芥子的命运，又会被朝堂上的风吹
向何方呢？

　　只知道，到了会昌三年（公元843年），春雷涌动，樊南大地

渐渐复苏的时候，山川田地一片青绿，三十出头的李商隐却生出了白发。

站在樊南的春光里，李商隐做了一个决定，要利用守丧的假期，为逝去的亲人们迁葬。

迁葬，极有可能让他倾尽家财，负债累累，再次落入穷困之境。

童年时，他为父亲迁葬，从江南到中原，一度"生人穷困，闻见所无"。人生倏忽二十年，但为了担起家中长子的责任，他不惧再困苦一次。

首先，李商隐要将母亲的灵柩从长安樊南运回荥阳祖坟与父亲合葬。

待安葬好母亲后，他又要将曾祖母的棺木从荥阳祖坟迁到怀州与曾祖父合葬。

接着，是二姐。昔日二姐葬在怀州获嘉，现在，他要将二姐的棺木迁回荥阳祖坟，让二姐永远成为李家的女儿，而不是裴家的媳妇。迁葬时，他为二姐写下感人肺腑的祭文，深情怀念记忆里二姐的音容。

还有羲叟的女儿，李商隐的小侄女寄寄。寄寄天真可爱，不幸夭亡时年仅四岁，彼时因家庭贫困只好葬在济源。现在，李商隐要以大伯的身份将寄寄的棺木从济源迁到荥阳。从祭文看，李商隐当时没有子嗣，而且很喜欢寄寄，为寄寄迁葬的时间则是会昌四年正月二十五日。

迁葬时，李商隐得知李处士的坟茔年久失修，损坏严重，而李处士的儿子无力为父亲修坟，他便主动出资为李处士修好坟茔，以此报答李处士曾经对自己的恩情。

这个时候，李商隐的大姐夫也去世了。大姐之前葬在荥阳祖坟，于是他又将大姐的棺木从祖坟迁出，让大姐与大姐夫合葬。

从会昌三年到会昌四年，李商隐反复奔波在陕西与河南之间，为完成家族迁葬大事，可谓心力交瘁，好在终于让李家"五服之内，更无流寓之魂；一门之中，悉共归全之地"。

而在李商隐为亲人迁葬的一年多时间里，大唐王朝正战火纷飞——李德裕生平政绩之一"内平泽潞"就是发生在此期间。

会昌三年四月，昭义节度使（又称泽潞节度使）刘从谏病卒了。

"甘露之变"后，刘从谏因与宰相王涯交好，又不满宦官专权，三次上疏要求"清君侧"，质问王涯被杀之由。刘从谏的举动曾让血气方刚的李商隐深感敬佩。在诗中，李商隐将刘从谏比作东晋的荆州刺史陶侃，期盼手握重兵的刘从谏可以与君王共忧患，像陶侃当初举兵斩杀叛军一样，入长安平定宦官之乱。

刘从谏最后并未付出行动，但的确从一定程度上压制了宦官的气焰，也从此与仇士良结下仇怨。

刘从谏毕竟不是忠君爱国的陶侃，李商隐的期盼不过是书生的幻想罢了。

事实上，刘从谏并没有"清君侧"的能力，也不会有"清君侧"的忠心，有的只是变幻莫测的机心和永不满足的欲念。

史册上对刘从谏的评价是"生性狡猾，凭借父荫，年少得名"。太和六年，也就是李商隐初入幕府的时候，文宗召刘从谏入朝为官。刘从谏本有归顺朝廷之意，但亲眼见到长安种种乱象之后，他暗生的竟是不臣之心。后来，在昭义节度使任上，刘从谏越发骄横跋扈，藐视朝廷，且利用地方之便，大肆敛财，扩充军备，暗中静待时机。

会昌二年，回纥乌介可汗率军十万进犯大同、云州等地，武宗召集众大臣商议是战是和，李德裕力排众议，建议武宗反击，并制定奇袭战略，最后一雪前耻，以风雷手段让乌介可汗折兵十万，平定回纥，并夺回大唐和亲公主，使国威大振，朝纲稳定的同时，也震慑了刘从谏的叛逆之心。

会昌三年初，刘从谏将自己钟爱的九尺（唐代九尺约等于现在的两米）宝马献给武宗，武宗没有接纳。刘从谏疑心是仇士良从中作梗，回到昭义后大发雷霆，怒杀宝马，从此憎恨朝廷，并渐渐抑郁成疾。在病中，刘从谏交代家属，他死去后，家属当效仿河朔三镇，要求袭任节度使。然诸子年幼，他便委任弟弟右骁卫将军刘从素之子刘稹为昭义军都知兵马使，待日后接替他的职位与兵权。是年四月，刘从谏病亡，刘稹按照之前的谋划，秘不发丧，意欲自领留后。被朝廷发现后，刘稹拥兵自立，公然叛乱。朝中也有人认为不宜征讨，但李德裕坚持出兵，认为事关天子威严，且一旦姑息，各地藩镇必纷纷效仿，那么朝廷将权力尽失。于是调遣成德、魏博、河中等八镇兵力讨伐。会昌四年八月，刘稹兵败，被部将杀死，全族被屠，传首长安。刘从谏也惨遭掘墓，暴尸潞州，三日后尸骨被剁碎……

其间，王茂元转任河阳节度使，一到任就接到朝廷命令，给造反的刘稹写劝诫信，即讨贼檄文。

《为濮阳公檄刘稹文》就是出自李商隐笔下：

　　足下前以肺肝，布诸简素，仰承复命，犹事枝辞。夫岂告者之不忠，抑乃听之而未审？择福莫若重，择祸莫若轻，一去不回者良时，一失不复者机事。噫嘻执事，谁与为谋？延首北风，心焉如灼。是以再陈祸福，用释危疑，言不避烦，理在易了。丁宁恳款，至于再三者，诚以某与先太傅相国俱沐天光，并为藩后，昔云与国，今则亲邻。而大年不登，同盟未至，饭贝才毕，襫衣莫陈。乃眷后生，遽乖先训，迁延朝命，迷失臣职，不思先轸之忠，将覆栾书之族。此仆隶之所共惜，儿女之所同悲。况某拥节临戎，援旗誓众，封疆甚迩，音旨犹存，忍欲卖之以为己功，间之以开戎役？将袪未窹，欲罢不能，愿思苦口之言，以定束身之计……

洋洋三千言，行神如空，行气如虹，磅礴如滔滔江水，对刘稹动之以情，晓之以理，劝其悬崖勒马，切莫执迷不悟，以免自取灭亡，祸及全族，涂炭生灵。

然而刘稹利欲熏心，还是点燃了战火。王茂元的河阳军首当其冲。两军在怀州一带交战，李商隐迁葬一度无法进行，王茂元也病逝于军中，被朝廷追赠司徒。

战火之中，李商隐为王茂元代草了遗表，又为王茂元的长子、晏媄的大哥王瓘代草了写给朝廷的谢表，还给几位王茂元的亲戚代写了祭文，最后，自己给岳父写了一篇祭文。

愚方遁迹邱园，游心坟素，前耕后馌，并食易衣。不伎不求，道诚有在，自媒自炫，病或未能。虽吕范以久贫，幸冶长之无罪。昔公爱女，今愚病妻。内动肝肺，外挥血泪。得仲尼三尺之喙，论意无穷；尽文通五色之毫，书情莫既。呜呼哀哉，公其鉴之！

——《重祭外舅司徒公文》（节选）

从上文可以推测，这是李商隐写给王茂元的第二篇祭文。时间大约是会昌四年的秋天。

当时李商隐与晏媄已搬到了蒲州永乐（今山西芮城）乡下，正所谓"遁迹丘园"。游心坟素，即潜心典籍。"前耕后馌，并食易衣"，可见他们的日子过得非常清苦，两天只吃一天的饭，家中只有一件衣服，谁外出谁便穿上，而且晏媄还在病中。"内动肝肺，外挥血泪"，想来父亲去世对晏媄打击极大，已让她悲伤成疾……

想起妻子跟着自己受苦，李商隐五味杂陈。他一生恪守道诚，苦于不会求人，也羞于自我炫耀，竟贫困潦倒至此。

而如今常有人言，王茂元家产丰厚，李商隐身为其女婿，何以如此困顿？

想必，也是羞于求人吧。

在祭文中，李商隐还提及了吕范和公冶长——吕范家贫，因堂堂仪表娶到了貌美的妻子；公冶长通鸟语，曾蒙冤入狱，也有幸娶到孔子的女儿。但吕范后来陪孙策、孙权征伐四方，公冶长也成了孔门七十二贤之一，他李商隐何其有幸，娶到王茂元的爱女，前程难道就在这邱园之中吗？

对于岳父，李商隐声称自己即便有孔子那般能言善辩的"三尺之喙"，有江淹那般"梦中传彩笔"的文采，也无法表达对岳父的感激。岳父昔日将晏媄许配给自己，期待他成为吕范，成为公冶长，但现在，他深知自己只能成为李商隐……

> 驱马绕河干，家山照露寒。
>
> 依然五柳在，况值百花残。
>
> 昔去惊投笔，今来分挂冠。
>
> 不忧悬磬乏，乍喜覆盂安。
>
> 甑破宁回顾，舟沉岂眼看。
>
> 脱身离虎口，移疾就猪肝。
>
> 鬓入新年白，颜无旧日丹。
>
> 自悲秋获少，谁惧夏畦难。
>
> 逸志忘鸿鹄，清香披蕙兰。
>
> 还持一杯酒，坐想二公欢。

　　——《大卤平后移家到永乐县居，书怀十韵寄刘、韦二前辈，二公尝于此县寄居》

李商隐的这首诗更是明确了在永乐寄居的信息。

大卤，即"大虏"，也就是说，李商隐是在会昌四年，朝廷平定刘稹叛乱之后搬去永乐的。

从诗意来看，李商隐在永乐应有旧居，或是祖上所留。他来到永乐的时候，百花凋谢，柳色尚青，看着昔日种下的柳树，时隔多年已是绿意纷披，不禁感叹少年无知无畏，竟学班超投笔从戎，进入幕府，现在满身疲惫回来，双鬓乍染风霜，容颜憔悴不堪，不知是否可以在故园的山川草木间寻求一点心灵的安慰？

在诗中，李商隐告诉刘、韦两位前辈，他在永乐生活后，不惧农耕生活的艰苦，只是经验不足，收获不丰，感到有点惭愧。

刘、韦两位曾经也在永乐寄居过，所以李商隐经常在饮酒之时，想起二位前辈的隐居之乐。

至于鸿鹄之志，或许早就在晴耕雨读中慢慢压在心底。现在，他的眼里只有兰草一般的隐逸之情与田园清欢。

> 自喜蜗牛舍，兼容燕子巢。
>
> 绿筠遗粉箨，红药绽香苞。
>
> 虎过遥知阱，鱼来且佐庖。
>
> 慢行成酩酊，邻壁有松醪。
>
> ——《自喜》

从这首诗中可以看到，李商隐在永乐的生活虽然清苦，但也有自得其乐的时刻。

他把永乐的故居比喻成蜗牛小舍，他与妻子居住其中，像是一对恩爱的燕子。

屋前屋后，有猗猗绿竹，春天可以食笋，竹林里若有掉落的笋壳，他就捡来给妻子做鞋样。还有大团大团的芍药，从含苞到绽放，浓郁的香气总能让人感到幸福。

他住的地方依山傍水，风景优美，既不用担心老虎出没，还可以经常去钓鱼为家中改善生活。

他在乡间行走，尽可优哉游哉，一不小心就酩酊大醉，那是因为邻居家的松醪酒实在太好喝了。

除此之外，李商隐在永乐期间，为了接近陶渊明的心境，还写了很多类似《自喜》的五言诗。

譬如《菊》："暗暗淡淡紫，融融冶冶黄。陶令篱边色，罗含宅里香。几时禁重露，实是怯残阳。愿泛金鹦鹉，升君白玉堂。"

譬如《春宵自遣》："地胜遗尘事，身闲念岁华。晚晴风过竹，深夜月当花。石乱知泉咽，苔荒任径斜。陶然恃琴酒，忘却在山家。"

譬如《秋日晚思》："桐槿日零落，雨馀方寂寥。枕寒庄蝶去，窗冷胤萤销。取适琴将酒，忘名牧与樵。平生有游旧，一一在烟霄。"

　　……

读这些仿陶诗，只叹：心中无一物，何处惹尘埃？

可见，李商隐越是想接近陶渊明，就越是无法抵达陶渊明。

这些诗歌，看似是陶渊明的五言风格，实际上依然是李商隐的无题心事。

白玉堂虽富贵，陶渊明的菊花也未必甘愿成为杯中之物，或许对于它们来说，清风明月才是无价的。

若他心在山家，何必忘却山家？

若他真的忘却牧与樵，又何必在意昔日的好友全都身在烟霄？

自喜、自遣，到底还是无法自适的自苦、自伤。

世间荣落重逡巡，我独丘园坐四春。

纵使有花兼有月，可堪无酒又无人。

青袍似草年年定，白发如丝日日新。

欲逐风波千万里，未知何路到龙津。

——《春日寄怀》

这才是李商隐真正的寄怀诗。

一年又一年，他辗转在幕府与长安之间，依旧是一个青袍小吏，如今闲居乡下，深感前程无望。头上的白发一根一根生长，更是睹之伤感，忧惧自己会终老田园，一事无成。

月色灯光满帝都，香车宝辇隘通衢。

身闲不睹中兴盛，羞逐乡人赛紫姑。

——《正月十五夜，闻京有灯，恨不得观》

会昌五年春，上元之夜，李商隐听说长安有一场盛大的灯会，于是写诗抒怀。

离开长安已有两年，他突然很想去看看长安的月色和灯光，还想去看看那大街上的香车与宝辇。

而蛰居乡间，他只能与村民们一起参加迎接紫姑的赛会，对比之下，便觉得内心羞愧。

今我是谁？

故我是谁？

那个"青草妒春袍"的少年去了哪里？

曾经"我是梦中传彩笔"的自信还有几分？

他竟无颜以对。

如李商隐诗中所写，当时的大唐帝国，得李德裕辅政，已有中兴之势。

翻开浩瀚的史册，其中有一页就是"会昌中兴"——

除反击回纥，平定泽潞之外，李德裕还提出了"政归中书"：保证宰相的绝对权力，同时限制宰相在位时间，恢复中书舍人参政的权利。

"抑制宦官"：禁止监军宦官干预军政，并限制其卫兵人数，于是武宗一朝，宦官从未干政。

"裁汰冗官"：李德裕认为"省事不如省官，省官不如省吏，能简冗官，诚治本也"，于是精简机构，提高行政效率，裁减州县官吏、罢斥冗吏两千余人。

"储备物资"：设置备边库，户部每年储入钱帛，各藩镇的进奉也一并储入，由度支郎中主管。此政后来让唐帝国多次度过危机。

"禁毁佛教"：下令拆除佛教寺院，没收大量寺院用地。灭佛的成功，扩大了唐帝国的税源，但对于佛教来说，却是一次沉痛的劫难。

那么闲居永乐的李商隐想念的真的是王朝中兴的月色和帝都长安的灯火吗？

或许，还有那个做了三十年的梦吧——"致君尧舜上，再使风俗淳"，那才是所有寒窗苦读的士子们心中永恒的月与灯。

第五幕

此情可待成追忆

晚年的李商隐，思家念友的情绪日益强烈，他回到了老家郑州。也是在郑州，他凄凉寂寞地走完了人生最后的一段旅程。

人间天涯客

　　他想念着长安的春天，又是莺歌婉转，进士登科的时节。想念着樊南的山水田园，妻子素雅清秀的姿容，儿子咿呀学语的模样，内心也如桂地的春云一般，潮热又湿润。

　　"内宫传诏问戎机，载笔金銮夜始归。万户千门皆寂寂，月中清露点朝衣。"

　　这是当朝宰相李德裕笔下的长安秋夜，也是李商隐梦寐以求的人生巅峰。泽潞之乱平定后，那个"月中清露点朝衣"的人，因赫赫政绩而兼任太尉，晋封卫国公，食邑三千户，朝中尊荣无二。

　　不过，一入长安皇城便知道，天子最敬佩与仰仗的人是李德裕，最宠信的人却是赵归真。

　　会昌五年（公元845年）十月，三十四岁的李商隐守丧期满，返回长安，第三次进入秘书省，依旧担任正字一职。

　　李商隐虽不在朝班，但也很快耳闻，长安城里，赵归真门前车马络绎，望仙道观危楼百尺，日夜香火不绝——《杜阳杂编》里记载，望仙观以百宝屑涂其地，瑶楹金栱，银槛玉砌，晶莹炫耀，看之不定，武宗每斋戒沐浴，必召道士赵归真一起探讨长生之术。

于是为大唐帝国殚精竭虑的李德裕再次劝谏武宗，治理天下的关键，就在于辨别群臣中谁是邪恶的小人："赵归真是敬宗朝的罪人，陛下不宜与之亲近！"

武宗不以为意："朕只是宫中无事时与之谈道消除烦恼罢了。至于政事，朕必问卿等与次对官，就是一百个赵归真，也不能迷惑我。"

李德裕继续劝谏："赵归真是小人。小人见势利所在，则奔趣之，如夜蛾之投烛。不信的话，陛下可以去看看赵归真门前，是不是车马辐辏。愿陛下深戒之！"

然而武宗已经听不进李德裕的意见，对长生之道已越发沉迷。

何以长生？

按照赵归真的说法，长生的捷径就是内服仙丹。

在武宗眼里，赵归真掌握着道教神秘的炼丹术，是可以与仙界互通密语的人。当赵归真给武宗开出一张永远无法备齐的药材清单时，武宗深信不疑，不惜昭告天下，寻求炼丹所需的药材。

因为长期服用丹药，武宗身体每况愈下，性情也变得乖张狂躁，喜怒无常，到了会昌六年（公元846年）的春天，已经是病入脏腑，回天乏术了。

这个时候，赵归真依然以"换骨"之说蒙骗武宗，同时让武宗将名字李瀍改成李炎，以消除灾祸。就在武宗改名后的第十二天，继太宗、宪宗、穆宗、敬宗之后，唐朝又多了一位因服食丹药而死的皇帝。

而武宗驾崩前，已是神志不清，口不能言。李德裕请求觐见被拒，没能获得任何对自己有利的信息。

> 汉家天马出蒲梢，苜蓿榴花遍近郊。
> 内苑只知含凤觜，属车无复插鸡翘。
> 玉桃偷得怜方朔，金屋修成贮阿娇。
> 谁料苏卿老归国，茂陵松柏雨萧萧。

——《茂陵》

武宗驾崩后，李商隐连写三首诗以示悼念，是为《昭肃皇帝挽歌辞三首》，有颂扬也有讽刺，有伤感也有惋惜："九县怀雄武，三灵仰睿文""海迷求药使，雪隔献桃人"……从诗歌中则可以看出，他对武宗是认可和敬仰的，所以也对武宗迷信道术、命丧丹药深感痛心。

但就像杜牧有感阿房宫，六国并非为秦所灭，而是六国自己。

那么让武宗命丧丹药的真的是赵归真吗？

或许本质上，也是武宗自己。

要知道，长生，是比横扫六合更大的欲念。

会昌六年八月，武宗葬于端陵。

李商隐再写《茂陵》，赋之比之兴之，以茂陵比端陵；以汉武帝比唐武宗——汉武帝文韬武略，喜好游猎，迷信方士与美色，曾金屋藏娇，也曾遣方士到蓬莱仙岛求取仙丹，唐武宗也一样；也以典故之酒杯，浇心头之块垒。

李商隐回家守丧，三年后重返长安，本以为可以借着李德裕的东风，为唐武宗效忠，怎料才几个月的时间，唐武宗带着一身的功与过猝然长逝，他的心意，他的谏言，他的抱负，或许也只有向端陵的松柏倾诉了。

武宗崩，宣宗立。

是年八月，白居易也病逝于洛阳履道里。新登基的帝王正准备大肆清理李党，并在长安为他钟情已久的白居易写诗："缀玉联珠六十年，谁教冥路作诗仙。浮云不系名居易，造化无为字乐天。童子解吟长恨曲，胡儿能唱琵琶篇。文章已满行人耳，一度思卿一怆然。"

按照白居易的遗愿，李商隐将为其撰写墓志。

在唐代，撰写墓志不仅能获得丰厚的润笔费，如果是大人物的墓志，更可以获得名扬天下的机会。

换言之，白居易对李商隐的情义可谓真切，晚年给了李商隐赏识与关怀，弥留之际，还给了李商隐一个名扬天下的机会。

白居易生前常对朋友说，李商隐像年轻时候的自己。但显然，要论机缘与运气，李商隐比白居易，简直是繁星比皓月。

宣宗如此喜爱白居易的诗文，却始终看不见一个白居易喜爱的李商隐。

唐宣宗大中元年伊始，李德裕被贬洛阳，牛党彻底翻盘。

这个时候，李商隐没有选择留在长安，而是决心与他敬重的"万古之名相"李德裕遥遥共进退，接受了李德裕的得力干将郑亚的幕府之聘。

郑亚要去的地方是桂州，即现在的广西桂林，距离长安迢迢数千里，是唐朝人眼中的蛮荒之所、天涯之地。

李商隐一行于三月启程，历经四月与闰四月，下荆门，过洞庭，终于在五月抵达桂州。

> 羽翼殊勋弃若遗，皇天有运我无时。
>
> 庙前便接山门路，不长青松长紫芝。
>
> ——《四皓庙》

途经四皓庙时，李商隐写下了这首诗，抒发幽愤，纾解怀抱。

新皇帝登基后，恭谨节俭，从谏如流，明察沉断（后来又将死于甘露之变中除郑注、李训之外的百官全部昭雪），被人称为"小太宗"，俨然明君气象。

纵然是返照，也是帝国的运气，百姓的光明。

但新皇帝因为自己是武宗的叔父，且与武宗的父亲异母，本不能继承皇位，是宦官夺权，才让他有了破例的机会。他的偶像是太宗，敬重的人是父亲宪宗，对于上一任皇帝武宗，如果认可对方的政策，也就间接否认了自己血脉的正统。

所以，"务反武宗之政"，但凡武宗拥护的，他就要摧毁，但凡武宗仇视的，他就要亲近。

按照这样的逻辑，那么李德裕——武宗最为看重的助手与战友，他也将立即罢免。

是的，李德裕，李商隐又想起李德裕来，那个曾经"内宫传诏问戎机，载笔金銮夜始归"，为大唐王朝鞠躬尽瘁，立下旷世殊勋的人，如今也"必须"被贬出长安。

李商隐的父亲曾借四皓的典故为他题名取字，期望他有一天有王佐之功、卿相之才。而离长安越远，李商隐就越觉得自己可能会辜负父亲的期望。

从他决定追随郑亚的那一刻起，他就看清了自己的政治前途，也降低了理想的高度。

位列朝班、辅佐明君的时机与运气——他知道，自己这辈子都不会拥有了。

　　　　　　下客依莲幕，明公念竹林。

　　　　　　纵然膺使命，何以奉徽音。

　　　　　　投刺虽伤晚，酬恩岂在今。

　　　　　　迎来新琐闼，从到碧瑶岑。

　　　　　　水势初知海，天文始识参。

　　　　　　固惭非贾谊，惟恐后陈琳。

　　　　——《自桂林奉使江陵，途中感怀，寄献尚书》

（节选）

在郑亚幕府，李商隐再次受到了优待。

郑亚出身于荥阳郑家，与李商隐算是半个同乡，不仅很是欣赏李商隐的公文能力，还愿意珍惜他，信任他，给他搭建历练的平台，这显然是非常可贵的。

是年十月，郑亚派遣李商隐为使者，前往江陵（荆州）去聘问郑亚的宗叔、荆南节度使郑肃。临行前，郑亚特意嘱咐李商隐，完成任务后，尽可沿途悠游山水，放松身心。

所以在寄给郑亚的诗中，李商隐将自己称为"下客"，即郑亚的门客，将郑肃、郑亚比作竹林七贤里的阮籍、阮咸叔侄，认为郑亚推诚相与，带他开阔眼界，让他认识乾坤，还常与他一起寻幽访胜，畅叙心怀，可谓是知己，是贵人，也是恩公。

接下来，李商隐又写，他只是觉得惭愧，自己没有西汉名臣贾谊那样的政治才能，也担心自己写起公文来，没有东汉才子陈琳那样的生花妙笔。"笔似长刀文似戟，一檄可抵十万军"，官渡之战时，袁绍的幕僚陈琳以一篇《讨贼檄文》痛斥曹操。当时曹操正头风发作，卧床不起，待读了陈琳的檄文之后，竟凭空惊出一身冷汗，头风顿愈，从此便记住了陈琳的名字。后来袁绍兵败，曹操非常爱惜陈琳的才华，不忍杀之，还招其到军中任职，对其礼遇有加……

字字句句，都是相见恨晚、不胜感激之意。

对于在两党的夹缝中求生存的李商隐来说，郑亚没有因为他曾是牛党门生而冷落他，尤其让他感动。

这也不禁让人唏嘘，如果当初在长安的时候，李商隐去请求郑亚的汲引，是不是结果就会不一样？

或许会，也或许不会。

毕竟那个时候，李商隐并没有主动选择站到李党的队伍里——李商隐并不想参与党争，也不想站到任何一党的队伍里，他只是遵循了内心的选择。但无论如何，只要从情感出发，李党，显然是他更愿意亲近的一方。也无论他是否参与其中，他选择追随郑亚去桂州，在牛党的眼中，就是选择与牛党决裂，加入了李党。

事实上，宣宗在位十余年，随着李德裕被一贬再贬，李党从此一蹶不振，再也没有能力和运势与牛党抗衡。

而对于郑亚来说，一个人愿意不顾自己的政治前途，选择失势的一方，已经足以证明对方值得以重金聘请入幕，真心相待，倾力栽培。

> 江风扬浪动云根，重碇危樯白日昏。
>
> 已断燕鸿初起势，更惊骚客后归魂。
>
> 汉廷急诏谁先入，楚路高歌自欲翻。
>
> 万里相逢欢复泣，凤巢西隔九重门。
>
> ——《赠刘司户蕡》

大中二年（公元848年）正月，李商隐从江陵返回桂州，在途中遇到了一个故人——刘蕡。

多年前，刘蕡在长安考时务策，因笔谏宦官乱政而被整个宦官集团嫉恨，导致考官不敢录取，李商隐曾为其愤愤不平。迫于生计，刘蕡只好辗转于各大节度使幕下。令狐楚病危时，李商隐在梁州兴元幕府遇见刘蕡，与其有过一段友谊。后来在令狐楚和牛僧孺的推荐下，刘蕡授秘书郎，但因宦官诬陷，被贬为柳州司户参军。

天上浮云如白衣，斯须改变如苍狗，时隔经年，昔日那个在科场悲愤写下"天下将倾，海内将乱""揭国柄以归于相，持兵柄以归于将"的少年，鬓边已有了斑斑白发——李商隐遇到刘蕡时，刘蕡正好从柳州放还。

故人久别重逢，本是欢喜之事，但有感朝中局势和自身命运，他们却忍不住凄凉落泪。

两个仕途不顺、同病相怜的人就那样相会于荆楚之地，看着滚滚长江，吹着曾经屈原、贾谊吹过的江风，心中涌动的悲绪亦如滚滚江涛连绵不息，似乎每一朵奔涌的浪花，都想对人诉说生不逢时的痛苦。

刘蕡是燕人，在诗中，李商隐便把刘蕡比作燕鸿漂泊楚地，在江边吟哦屈原的诗歌。"汉廷急诏"——是说汉文帝曾急诏长沙王太傅贾谊入京。刘蕡胸怀大志，有经国之才，鸾凤之姿，可惜得罪了宦官，以至于新皇登基，朝中正在用人之际，宣宗同样看不见刘蕡。

鸾凤若想还巢，当飞越九重宫门，刘蕡还能等到那一天吗？

遗憾的是，在他们相遇荆楚的第二年，刘蕡便客死异乡。

桂水春犹早，昭川日正西。

虎当官道斗，猿上驿楼啼。

绳烂金沙井，松干乳洞梯。

乡音殊可骇，仍有醉如泥。

——《昭州》

昭州，今广西桂林平乐，距离桂林市区约二百里。

大中二年春，李商隐从江陵归桂州，不久后又接到郑亚的派遣，让他去代理昭平郡守，坐镇昭州——在唐代，节度使不仅有权开设幕府，还可以在州县缺官的时候自置官员。

而当李商隐到达昭州时，才知道昭州的原始与落后比桂州有过之而无不及。

"桂水春犹早，昭川日正西"，这一联，似乎是在说他从桂州出发的时候，是充满希望的早春，抵达昭州的时候，却是夕阳西下，四野荒凉。但联系后面的几联，便能体会其中的深意，代理昭州，他并不情愿。

不情愿，才内心隔阂，满目蛮荒，笔下也是一片苍凉意。

他写，官道上有猛虎相斗，驿楼上有猿猴叫唤，金沙井打水的绳子已经烂在井中，钟乳穴中的松木楼梯也干枯腐朽。而且，当地时常有人烂醉如泥，口中方言更是晦涩难懂，音调长吁短叹，只觉得怪异骇人。

固有楼堪倚，能无酒可倾。

岭云春沮洳，江月夜晴明。

鱼乱书何托，猿哀梦易惊。

旧居连上苑，时节正迁莺。

——《思归》

在昭州，李商隐开始强烈地想念长安的家人。

当初他随郑亚入桂，晏媄便带着孩子住在樊南。

他另一首《端居》亦写道："远书归梦两悠悠，只有空床敌素秋。阶下青苔与红树，雨中寥落月中愁。"

桂地与京城相隔千山万水，音讯难传，一封家书通常要几个月才能收到，有时候，他想在梦中与妻儿相会，却总是被猿猴的哀号惊醒。

他想念着长安的春天，又是莺歌婉转，进士登科的时节。

想念着樊南的山水田园，妻子素雅清秀的姿容，儿子咿呀学语的模样，内心也如桂地的春云一般，潮热又湿润。

在另一首诗中，李商隐又如此写道："春物岂相干，人生只强欢。花犹曾敛夕，酒竟不知寒。异域东风湿，中华上象宽。此楼堪北望，轻命倚危栏。"

果然，北望长安，人间天涯客，尽是思归心。

但如果真的有机会回到长安，李商隐又能做什么呢？

除了幕府，便只能去参加吏部的调选，再一次落入自己逃离的窠臼。

至于调选的结果如何，前程如何，是微尘还是芥子，是正字还是县尉，都只能听天由命。

　　而就在这个时候，郑亚收到长安来的圣旨，他被贬为循州刺史，失去了开设幕府的权力。

　　一时幕僚皆作浮云散。

　　只有李商隐，匆匆回到桂州，站在郑亚身边，为郑亚代笔，面对宰相白敏中的诬告，找朝廷讨一个答案，郑亚为政清廉，工作勤勉，到底何罪之有。

　　何罪之有？

　　君不见，"莫须有"这样的罪名与手段，早已在唐代就被人运用得游刃有余。

　　不久后，李德裕也再次获罪，被贬潮州司马，在他抵达潮州时，又继贬崖州——那是比桂地更偏远的天涯海角。

　　一年后，李德裕病死崖州，也就意味着牛党进入全盛时期，李党则彻底失势。

　　从此，牛李党争不复载史册。

一寸相思一寸灰

　　一腔痛苦又晦涩的心事，真的只适合写在一首又一首的《无题》诗里。世事风急雨骤，人心波诡云谲，我自无题，任君疑猜。

　　大中二年秋，落叶满长安。

　　李商隐从桂州回京，披着满身的风霜，准备参加来年的选官考试。

　　在幕府兜兜转转，年近不惑的他又一次和年轻人一起，站在同一起跑线上。

　　但他似乎已经顾不了那么多，面上无光也好，被人嘲笑也好，他只是一个需要俸禄来养家糊口的人。

　　第二年的春天，李商隐选官考试顺利通过，只是，他没能留在朝中任职，而是被任命为盩厔县尉。

　　盩厔，因"山曲为盩，水曲为厔"而得名，地理上南依秦岭，北临渭水，位于长安之西。京畿之地，离家不是太远，当日往返不成问题，李商隐到了假期便回家看望妻儿，或与羲叟相聚（羲叟正在长安等待授官），在情感上获得些许安慰。

从人类情感角度来说，年纪越大，就越是恋家。李商隐也一样。大约从追随郑亚开始，李商隐的诗集里就频繁出现思归之作。于是，身上的少年气渐渐消弭，就像身体机能的日益衰退，暮气也渐渐显现，便越发愿意亲近家人，落叶归根。

但对于旁人来说，鄙薄李商隐也好，冷落李商隐也好，欣赏李商隐也好，都没有人可以否认，李商隐，才是当时的第一文书高手。

果然，在鳌屋上任不久，他的上司京兆尹郑涓就"闻其名，重其才"，在一次交接公事的时候，将他留了下来，令掌书记，主管章奏——唐时京兆府办公地点在长安城西市旁边的光德坊东南隅，如此，李商隐办公的地方便离家人更近了。是年冬，牛僧孺去世，葬礼十分隆重。杜牧为其书墓志，李商隐为其写祭文，郑涓更是盛赞："吾太尉之薨，有杜司勋之《志》与子之奠文，二事为不朽！"一时被传为佳话。

即便是掌书记那般微小的官职，在那样的境况之下，也足够让李商隐心怀感激。

因为这个时候，太尉牛僧孺病重，中书舍人令狐绹已慢慢成为名副其实的牛党党魁，即将拜相。

李商隐也不是没有放下过尊严，写信请求令狐绹帮助自己。翻开他的诗集，结婚后所有写给令狐绹的诗文，无不透露着心酸。

回长安前，李商隐梦见令狐绹，就曾寄给对方一首《梦令狐学士》："山驿荒凉白竹扉，残灯向晓梦清晖。右银台路雪三尺，凤诏裁成当直归。"

那个时候，令狐绹正在朝中任翰林学士，知制诰。那是李商隐梦寐以求的官职，他浪迹幕府那么多年，曾无数次梦想过，有一天可以像令狐楚那样，文书被天子看中，从而获得执笔诏书的尊荣，让自己的谏言渗入江山社稷，让自己的文采在史册上熠熠生辉。

但令狐绹显然还对李商隐两年前追随郑亚而去耿耿于怀，所以对李商隐的求助毫无回应，对李商隐的落魄形同盲聋，对李商隐的深情冷若霜雪。

还有杜牧。

杜牧这时正在朝中任司勋员外郎。李商隐对雄姿英发、多情俊逸的贵公子杜牧很是仰慕。

"二十四桥明月夜，玉人何处教吹箫""京江水清滑，生女白如脂。其间杜秋者，不劳朱粉施"……在很多个深夜，李商隐翻看杜牧的文章，吟诵杜牧的诗歌，感觉他就是自己神交的知己。

"杜牧司勋字牧之，清秋一首杜秋诗。前身应是梁江总，名总还曾字总持。心铁已从干镆利，鬓丝休叹雪霜垂。"

——大中二年的春天，李商隐连续写了两首诗送给杜牧，称赞杜牧胸中雄才伟略犹如宝剑，虽然两鬓飞霜，依旧充满少年气息。他还将杜牧比作南朝梁的文学家江总，认为杜牧的前身当是江总那样的风流人物，若不然，怎么连名字都那么有缘——江总，字总持；杜牧，字牧之。

另一首《杜司勋》又写道："高楼风雨感斯文，短翼差池不及群。刻意伤春复伤别，人间唯有杜司勋。"

李商隐感叹朝廷局势一如暴风疾雨撼动高楼，自己是羽翼短小的鸟儿，费尽全身力气也无法追上杜牧这样的人物。朝堂之中，每个人都在关心自己的政治前途，又有谁会像杜牧杜司勋一样，为春天的流逝而伤感呢？

从诗中可以看出，李商隐对杜牧是真心钦仰，也非常期待收到杜牧的回音。要知道，杜牧与李商隐还有七弯八拐的亲戚关系，杜牧的堂兄杜悰是李商隐的表兄；在樊川，杜牧还是李商隐的邻居。

遗憾的是，杜牧并未作出任何回应。

如今，"情商"一词诞生，很多人便称李商隐情商太低。

譬如写诗给杜牧，怎么可以把杜牧比作江总呢？

江总何许人也？他的文章虽被梁武帝叹赏，但到了陈后主时，他身为宰相，不理政务，整日与后主在后宫饮酒作乐，填写艳词，历史上声名狼藉，被称为"陈代亡国宰相"，后宫"狎客"。李商隐难道忘记了，他自己还写过"满宫学士皆颜色，江令当年只费才"？再者，杜牧的"赢得青楼薄幸名"之句，李商隐就看不出那是仕途不顺之后的自嘲？

另外，无论是出身、性格、境遇，李商隐与杜牧都没有共鸣的可能。

家道中落、命运多舛的李商隐似乎天生就欠缺一种敞亮。或者说某种能带给自己浩荡性格、明亮精神的底气。在晚唐的狂风骤雨里，他就像是一只误入花园的蝴蝶，美丽，梦幻，也脆弱，单薄。偶尔，得益于某种力量的推动，譬如登科，譬如心动，他才会产生"青草妒春袍"或是"我是梦中传彩笔"那样的想法。但那样的想法，那样的诗句，毕竟是诗集里的昙花，昙花一现之后，便是昨夜星辰，锦瑟无端。

又譬如对待两党的态度，两人也有着天壤之别。

牛僧孺对杜牧有知遇之恩，曾在江南对杜牧更是有过特别的照拂。杜牧在墓志中赞扬牛僧孺"公忠体国、廉洁谦退"，而李德裕不曾提拔过他，他评价李德裕则是"专柄五年，多逐贤士，天下恨怨"。

李商隐写给牛僧孺的祭文现已无缘得见，按照京兆尹郑涓对他的评价，其中应不会有不敬之意。但他并未受过李德裕的恩惠，却对李德裕极为敬重，全然是从国家社稷出发。对于李德裕一再蒙冤遭贬，他也深表同情，不仅评价李德裕是"万古之良相"，更是屡次为其写诗，或鸣不平，或同悲切，如《李卫公》："绛纱弟子音尘绝，鸾镜佳人旧会稀。今日致身歌舞地，木棉花暖鹧鸪飞。"

而找人诬告李德裕和郑亚等人、落井下石，欲置之死地而后快、牛僧孺的得力助手白敏中，当初在武宗面前凭一己之力将他推上相位的人，正是李德裕。

或许，情商低，就是世事不够洞明，人情不够练达吧。

就像李商隐本想在诗中打趣一下杜牧，拉近彼此的关系，结果也显得那么不合时宜。

说到底，李商隐不仅不懂杜牧，不懂令狐绹，也不懂人心。

给杜牧写下那两首诗后，迟迟等不到回音的李商隐终于噤声。等不到回音，或者等到的，也是刀戟一样的讽刺与鄙薄之词。杜牧如此，令狐绹亦是如此。

孔夫子说，诗可以兴，可以观，可以群，可以怨。李商隐的《无题》，是不是也可以用爱情的名义，写仕途与友情的失意？

> 来是空言去绝踪，月斜楼上五更钟。
>
> 梦为远别啼难唤，书被催成墨未浓。
>
> 蜡照半笼金翡翠，麝熏微度绣芙蓉。
>
> 刘郎已恨蓬山远，更隔蓬山一万重。
>
> ——《无题四首·其一》

诗中写：你说好要来，却一直没有出现。我等你到月影西斜，破晓的更钟响彻耳际。难道之前你许下的约定，只是一句空言？

在梦中，你离我远去，我不禁伤心地哭泣，不停呼唤你的名字，也难以将你挽留。梦醒后，我研墨写信给你，只因太过急切，纸上的墨迹也浓淡不一。

房间里灯罩半笼，烛光微明，那灯罩上的金丝翠鸟，是否也会觉得孤单？熏笼里麝香袅袅，芙蓉帐温暖如春，但你不在身边，一切都如此冷清。

传说中去山中采药的刘晨得遇仙女，后来想重回仙境，已经难觅踪影。而我们之间的距离，却比去往仙境还要遥远，如同相隔万重蓬山。

> 飒飒东风细雨来，芙蓉塘外有轻雷。
>
> 金蟾啮锁烧香入，玉虎牵丝汲井回。
>
> 贾氏窥帘韩掾少，宓妃留枕魏王才。
>
> 春心莫共花争发，一寸相思一寸灰。
>
> ——《无题四首·其二》

诗中写：东风吹动树叶，带来绵绵细雨，荷花池外，隐隐可听到雷声，轰隆，轰隆，可是你马车的声音？古诗里说，"雷隐隐，感妾心，侧耳亲听非车音"。亲爱的人，你是否能感受到我的心？

如果想要熏香，只需要打开金蟾香炉上的鼻钮小锁，放入香料。如果想要煎茶，只需要转动玉虎辘轳，汲水回来。如果我想念你，要如何纾解？

韩寿年少俊美，贾氏在帘后窥其风姿，以异香相赠，与其私订终身。洛水女神宓妃将玉枕送给曹植，是因为爱慕曹植的八斗之才。你的风姿与才华，同样让我钟情。

春意深浓，一如我的相思，与百花争相绽放。每一寸相思，都足以将我的心烧成灰烬。

> 含情春晼晚，暂见夜阑干。
>
> 楼响将登怯，帘烘欲过难。

多羞钗上燕，真愧镜中鸾。

归去横塘晓，华星送宝鞍。

——《无题四首·其三》

　　诗中写：晚春时节，暮霭纷纷，我的情思也纷纷，转眼间，又到了茫茫深夜。

　　我想登楼去找你，却担心登楼的声响，被人听见，让人误解，这不免让我胆怯。我想掀开帘幕去找你，又担心里面人多眼杂，我难以与你尽兴交谈。

　　我恨不能化作你发钗上的燕子，终日与你相伴。真是惭愧啊，我甚至不如镜中的鸾凤，可以每天见到你温柔的倩影。

　　不如归去。怅然路过横塘，已是拂晓时分，银鞍宝马，断肠之人，只有天边晨星相送。

何处哀筝随急管，樱花永巷垂杨岸。

东家老女嫁不售，白日当天三月半。

溧阳公主年十四，清明暖后同墙看。

归来展转到五更，梁间燕子闻长叹。

——《无题四首·其四》

　　诗中写：何处传来清切激越的管弦之乐？应是那樱花永巷，垂杨岸边。

　　想那东边农家的女儿，红颜淡去，年华将暮，还不曾婚配，生命已是白日当空，往后就是走向黄昏，又如人生的三月过半，春光渐渐阑珊。

　　梁简文帝的女儿溧阳公主才十四岁，已经在这般清明回暖的日子里，盛大出嫁，与心爱之人在宫苑中游春赏玩。

　　同样是世间女子，因为出身不同，爱情和命运也是形同云泥。这样的不同境遇，不禁让人辗转反侧，仰天长叹。梁间燕子啾啾鸣叫，是否听懂了我的叹息？

风雪断肠人

　　当一个朋友变成了敌人，那么你的温柔，就是你的七寸，你向人敞开的肝肺，就是对方一击即中的软肋。

　　那天，长安漫天风雪。

　　清晨，李商隐即将启程东行。房间里寒气弥漫，雪光透窗，勾勒出晏媄白瓷一般的侧脸。

　　晏媄站在窗边打点行装，行囊里是她亲手为丈夫缝制的过冬衣物。

　　妻子的爱，同样是临行密密缝，意恐迟迟归。

　　出了家门，晏媄站在风雪里向李商隐挥手，李商隐牵着他的马，一步一回头，渐渐便红了眼眶。

　　他不禁想起第一次见到晏媄时，她是那么娇俏，那么可爱，玉指纤纤，眸子清亮。多年过去，她依旧美丽、体贴，但眼角却有了岁月的痕迹，手指也因为经常穿针引线而变得不再光洁。她本是名门之秀，本应许一个门当户对的如意郎君，过着锦衣玉食的生活。若不是下嫁给他，又何必荆钗布裙，粗茶淡饭过一生。

这样的内疚，也渐渐凝结成一座冰山，压在他的心头。

寒气先侵玉女扉，清光旋透省郎闱。

梅花大庾岭头发，柳絮章台街里飞。

欲舞定随曹植马，有情应湿谢庄衣。

龙山万里无多远，留待行人二月归。

旋扑珠帘过粉墙，轻于柳絮重于霜。

已随江令夸琼树，又入卢家妒玉堂。

侵夜可能争桂魄，忍寒应欲试梅妆。

关河冻合东西路，肠断斑骓送陆郎。

——《对雪二首》

这两首诗，写于大中三年（公元849年）的冬天，是李商隐东行徐州时送给妻子晏媄的，题注便是：时欲之东。

诗里记了那场雪，大瓣大瓣的雪花，飞舞旋转在天地之间，飞过粉墙，飞入珠帘，就像大庾岭一夜初发的梅花，又像章台街里纷飞的柳絮，却比柳絮更轻。

他写：北风吹雪，似要追随骑着白马的曹植而去，又似要多情地打湿谢庄将军的白衣。

"璧月夜夜满，琼树朝朝新"，如果江总看到这样的雪，又会写出怎样动人的诗句？

这样的雪，若飞入卢家，定要嫉妒厅堂镶嵌的白玉；到了夜间，可能要与月光一争高洁；待天气再寒冷几分，或许还能与寿阳公主的梅花妆媲美。

这个季节，河水已经冰冻，沿途也一片冷清。东行万里，有斑骓马陪我，有长安的风雪送我，有你念我牵挂我，便也不觉路远。

离别总是令人肠断，好在还有燕巢般的小家，无论我走得有多远，你永远都会在家静静等我归来。

来年二月春风，柳枝返青，我或许就可以平安回家。

大中三年，令狐绹没有给李商隐任何帮助，也没有给李商隐任何回音。

另一个人却向李商隐伸出了援手。他就是诗名远播的卢纶之子、武宁军节度使卢弘止。

是的，又是幕府，又是重金聘请——因为彼时放眼天下，还有谁的公文比李商隐的更出色呢？

时人称之：李商隐骈文独绝，世无其二。

李商隐同样没想到，年少时，他跟李处士学习古文，内心也更为亲近古文，十六岁就能作《才论》《圣论》，而骈文，不过是他曾经希望用来登上朝堂的阶梯，最终却还是沦为了谋生的工具。

李商隐的弟弟羲叟就常劝哥哥，不要放弃古文创作——史册中没有太多关于羲叟的记载，但从李商隐文集《樊南甲集》的序言中可以看到，羲叟的古文功底深厚，而且还非常有眼光与才华："仲弟圣仆特善古文，居会昌中进士为第一二，常表以今体规我，而未焉能休。"

是年冬天，羲叟获得了秘书省校书郎的官职，改授河南府参军，也算是李家的一件喜事。

但李商隐再次选择进入幕府，连他自己都不知道是不是正确。

现实似乎并不容许他过多考虑。

晏媄身体不好，经常要看病吃药，孩子们也要穿衣吃饭上学，他还想把家安到长安城……这些都是他必须担承的责任，每一份责任，都需要用金钱来实现。

武宁军的治所在徐州。

徐州自古乃兵家必争之地，当地的兵将也是极为剽悍，前一任节度使已经被士兵驱赶回朝，卢弘止正是朝廷派去平乱的。

徐州局势混乱，已堆积大量文书工作。于是卢弘止想到了李商隐，他聘请李商隐为节度判官，并趁热打铁为李商隐向朝廷申请了一个侍御史的宪衔，官阶为从六品下。

> 沛国东风吹大泽，蒲青柳碧春一色。
>
> 我来不见隆准人，沥酒空余庙中客。
>
> 征东同舍鸳与鸾，酒酣劝我悬征鞍。
>
> 蓝山宝肆不可入，玉中仍是青琅玕。
>
> ——《偶成转韵七十二句赠四同舍》（节选）

东风吹大泽，蒲柳青碧色。大中四年（公元850年）的春天到来了。

徐州平乱，李商隐深受卢弘止信任，极大程度地发挥了自己的政治才能。他与几位同僚一起参与军政，大家齐心协力，终于将叛军制伏。

那几位同僚也成了李商隐的朋友，李商隐经常与他们在一起饮酒畅谈，可解思乡之愁。酒酣耳热之时，那几位同僚则劝李商隐：以你的才能，还是可以考虑在朝中任职，没必要这样四处奔波，饱受羁旅之苦。

可是除了幕府，他又能去哪里？

朝廷一如蓝山宝肆，而他只是一块青琅玕那样的小小石头，又怎么会被美玉们高看一眼。

这首《偶成转韵七十二句赠四同舍》，就是李商隐送给四位同僚的礼物。

在诗中，李商隐吹的风，是沛郡的东风，也是刘邦在故乡斩蛇起义时吹过的东风。

公务之余，李商隐去高祖庙祭奠刘邦，并在墙壁上题下一首诗："乘运应须宅八荒，男儿安在恋池隍。君王自起新丰后，项羽何曾在故乡。"试图安慰远离家乡，被乡愁折磨的自己，好男儿志在四方，不应囿于儿女情长。

但李商隐到底不是刘邦，也无法成为项羽。

刘邦在大风起兮时，想的是帝王霸业："大风起兮云飞扬，威加海内兮归故乡。安得猛士兮守四方。"

项羽在风云际会时，身体里跳动的是并吞八荒之心，流动的是破釜沉舟之勇。

而李商隐写的是："鹧鸪声苦晓惊眠，朱槿花娇晚相伴。"

初夏的清晨，鹧鸪声声，"行不得也哥哥——"，将他从梦中惊醒，也让他越发想念妻子。

木槿花开了，《诗经》里说美丽的女子颜如舜华，他看到木槿花，也总是想起晏媄的脸。

李商隐又思念起娇儿衮师来。

衮师未满周岁即能识字，四岁时已懂得谦让，每次家中有长辈登门，总是争先出门迎客，彬彬有礼。朋友们都称其神仙之姿、燕鹤之骨，日后乃人中龙凤。

李商隐想起一年前，他在窗边写春胜，衮师站在一旁递纸笔，目不转睛，似有好学心思。

李商隐看着娇儿，联系自身境遇，便问："阿衮长大后想做什么呢？"

衮师仰头道："和阿爷一样！"

李商隐看着他亮晶晶的眼睛，低头叹息道："不要学阿爷。阿爷年少时一心读书，志在考取功名。如今憔悴欲四十，无肉畏蚤虱。阿衮你要记得，多读兵书，乱世之中，只有权术才可以建功立业。"

衮师若有所思，学着大人的样子郑重点头。

李商隐摸着衮师的头，忍不住再叮嘱一声："当为万户侯，勿守一经帙。"

时隔经年，回顾那一幕，他依旧不知自己说得对不对，衮师又有没有听明白。

　　大中五年（公元851年）春，长安来信，晏媄病危，李商隐如闻惊雷，赶紧告假赶回长安。

　　上一次日夜兼程，是为恩公令狐楚，这一次，是为爱妻王晏媄。

　　天上大风吹白云，聚了又散，多么像我们的人生。

　　白云之下，尘烟滚滚，马背上的人归心似箭。

　　　　蔷薇泣幽素，翠带花钱小。

　　　　娇郎痴若云，抱日西帘晓。

　　　　枕是龙宫石，割得秋波色。

　　　　玉簟失柔肤，但见蒙罗碧。

　　　　忆得前年春，未语含悲辛。

　　　　归来已不见，锦瑟长于人。

　　　　今日涧底松，明日山头檗。

　　　　愁到天池翻，相看不相识。

　　　　　　　　　　　　——《房中曲》

　　李商隐回到长安时，已是暮春。

　　那一天，久未归家的他看到自己院子里蔷薇花的枝蔓已经越过了邻居家的土墙。

　　香风细细，那是家的味道。

　　他想起前年冬天，就是在那蔷薇花架下，晏媄送他东行，眼睛里带着盈盈泪光，像是春日蔷薇花上的点点幽露。晏媄个子娇小，如果她是蔷薇，也应是花墙上最玲珑娇美，惹人怜爱的那一朵吧。

他又想起东行徐州前的那段日子，天寒地冻，呵气成冰，晏媄日夜为他缝制衣物，除了可以御寒的冬衣，竟然还有春衣、夏衣、秋衣。

他心疼地询问原因，晏媄欲说还休，面有悲意，说自己体弱多病，恐时日无多……

他还想起十四年前的夏天，晏媄面若蔷薇，与他结发为夫妻，恩爱两不疑。他抱着娇小美丽的晏媄，就像抱着一朵温柔的云。

倏忽十四载，长安风雪年年依旧，长安柳色年年返青，李商隐如何能够想到，那次东行，竟是他与晏媄最后一次相见。

昔我往矣，雨雪霏霏。今我来思，杨柳依依。

暮春的杨柳如烟如雾，蔷薇如火如荼，晏媄却没能等到丈夫归来，与自己再见一面。

李商隐在人生中的最后那几年，每次想起那个场景，心里就大雪纷飞。

时日无多——竟成谶言！

命运的打击如此猝不及防，回到家中，李商隐看着妻子曾经睡过的枕被，用过的锦瑟，物犹安好，人却已故，不禁悔恨交加，肝肠寸断。

思念妻子的时候，他只能把对妻子的爱写在诗里。

他把妻子比作秦穆公的女儿弄玉，想着妻子应是乘凤而去，到了七夕，则希望妻子的芳魂可以来人世与他相见。

他写《相思》："相思树上合欢枝，紫凤青鸾共羽仪。肠断秦台吹管客，日西春尽到来迟。"

他写《辛未七夕》："恐是仙家好别离，故教迢递作佳期。由来碧落银河畔，可要金风玉露时。"

明日隔山岳，生死两茫茫，可惜，人类并没有未卜先知和推开生死之门的能力。

回到长安不久，李商隐又收到噩耗，卢弘止病逝。

先是与妻子天人永隔，又失去一位对自己有恩的府主，大中五年，李商隐在悲痛之余愈感世事无常，好像人间的恩与爱，他都无法长久拥有。

其诗集中就有一首诗的名字叫"王十二兄与畏之员外相访，见招小饮，时予以悼亡日近不去，因寄"，如此从侧面也可以看出，李商隐对妻子的确情深义重。

李商隐把自己看成了一个多愁多病的鳏夫，一直到离世，都没能从妻子早逝的悲伤与内疚中走出。

他认为自己再也不适合出现在歌管琴瑟的场合。世界上最爱他的那个人去了，从此，人间所有的欢乐都不再与他相关。

尽管李商隐恨不能与晏媄同去，但他也知道，自己不能沉溺于悲情之中，孩子们还年幼，他不得不为他们的将来着想。

于是他再次写信给令狐绹，同时告诉自己，这将是最后一次向令狐绹请求帮助。

商隐启：暮春之初，甘泽承降，既闻沾足，又欲开晴。实关燮和，克致丰阜。繁阴初合，则傅说为霖；媚景

将开，则赵衰呈日。获依恩养，定见升平。绝路左之喘
牛，用惊丙吉；无厩中之恶马，以役任安。偃仰兴居，惟
有歌咏。瞻仰闻阕，不胜肺肝。谨启。

——《上时相启》

在信中，李商隐可谓是放下了所有的尊严，将令狐绹捧在手
心，歌之咏之，恭维不尽。

他把令狐绹比作商代宰相傅说，傅说辅佐殷商高宗武丁安邦治
国，成就了历史上的"武丁中兴"。又把令狐绹比作晋文公时期的
宰相赵衰，赵衰不仅助晋文公制定战略、网罗人才，且品行高洁，
是当时的五贤之一。

不知是李商隐的溢美之词对准了令狐绹的脾胃，还是李商隐卑
微的姿态、凄凉的境地让令狐绹动了半丝的旧情，是年暮春，已正
式拜相的令狐绹终于有了回音。

令狐绹给李商隐安排了一个"太学博士"的闲职，官阶倒是正
六品上，但实际上，令狐绹又何尝不知，那样一个虚职，并非李商
隐的初衷，不过是一块大大的"鸡肋"。

想那多年前，李商隐还可以称呼令狐绹为"子直"的时候，他
就跟令狐绹敞开心扉聊过韩愈，韩愈当了三年的太学博士，简直痛
苦不堪，不仅与自己的抱负相差甚远，而且连家人的温饱都无法解
决："冬暖而儿号寒，年丰而妻啼饥。头童齿豁，竟死何裨。"

李商隐的太学博士没当满三个月。

在诗中，他悲凉地记录下了太学博士的生活："官衔同画饼，

面貌乏凝脂。典籍将蠡测，文章若管窥""仆御嫌夫懦，孩童笑叔痴""悔逐迁莺伴，谁观择虱时"。

对于一个悲苦之人，画饼岂可充饥？

而他又所懦因何，所痴为何？

他甚至是后悔了。

后悔当初不该沉溺于科举，登科题名那一刻的荣光，又怎么能抵消日后岁岁年年追逐理想而不得的绝望，又怎么能消融朝中虱子般的小人当道，自己不断被谗言攻击的痛苦呢？

不得不说，令狐绹这样的安排，的确颇具深意——试问，这世间还有谁比令狐绹更懂李商隐？

就像世间最懂你的人，永远是爱你的人和恨你的人。而当一个朋友变成了敌人，那么你的温柔，就是你的七寸，你向人敞开的肝肺，就是对方一击即中的软肋。

佳兆联翩遇凤凰，雕文羽帐紫金床。

桂花香处同高第，柿叶翻时独悼亡。

乌鹊失栖长不定，鸳鸯何事自相将。

京华庸蜀三千里，送到咸阳见夕阳。

——《赴职梓潼留别畏之员外同年》

这首诗是李商隐写于远赴西蜀之时。

辞去"太学博士"一职后，为免儿女饥寒，李商隐带着疲惫与悲伤，又一次踏上了幕府之路。

这一次，是梓州（今四川绵阳三台县）。

李商隐在诗中说长安到庸蜀（四川）遥遥三千里，虽是"燕山雪花大如席"式的夸张手法，但也的确非常遥远，还要经过蜀道，蜀道之难，正如太白诗所写："黄鹤之飞尚不得过，猿猱欲度愁攀援。青泥何盘盘，百步九折萦岩峦。扪参历井仰胁息，以手抚膺坐长叹。"

临行前，李商隐把孩子们托付给晏娓的姐夫，也就是自己的同年兼好友韩瞻（字畏之，时任朝廷某司员外）。

李商隐又回忆起曾经与韩瞻一起蟾宫折桂，高中进士，又先后成为王家的女婿，金床羽帐、鸾凤和鸣，一度在长安被传为风流佳话。

而现在晏娓早逝，李商隐孤家一人，就像乌鹊失去了巢穴，看着韩瞻夫妇鸳鸯情深，心中不免无限悲辛。

> 剑外从军远，无家与寄衣。
>
> 散关三尺雪，回梦旧鸳机。
>
> ——《悼伤后赴东蜀辟至散关遇雪》

从上一首诗中也可以看到，李商隐是深秋启程的。

"柿叶翻时"，深秋也。

当他行至散关时，已经是大雪三尺。

剑外，即剑阁之外，代指蜀地。散关，又称大散关，位于秦岭北麓，自古乃川陕咽喉。也就是说，从关中出了散关，就正式进入四川境内了。

在散关，李商隐回望长安，心中百感交集，飞雪连天，又更增孤悲。

夜间，相思入梦，他仿佛又看到晏媄坐在织布机前，为他赶制冬衣的样子——与晏媄执手十四年，每年冬天，晏媄都会为他亲手缝制冬衣，而晏媄走后，放眼世间，再也没有人会对他是那般的深情与温柔。

只恨相逢在梦中。

或许，大中五年，唯一值得安慰的事就是，李商隐再次遇到了一位真诚厚待自己的府主——柳仲郢。柳仲郢是书法家柳公权的侄儿，出身京兆柳家，名门之秀，史册里说他"勤读历史，善于文章，为韩愈所欣赏"，大中五年七月，出任梓州刺史、剑南东川节度使，治所梓州。

相传柳仲郢以三十五万钱为聘，辟李商隐为东川节度使书记，要知道当时节度使的年薪也就是三十万钱。

所以，李商隐几乎没有犹豫就答应了。

东川路遥，远离京职，甚至与令狐绹永远决裂，他的心凉了，那些都已经不在他的考虑范围之内。

他必须为孩子们的将来打算。

而且，与其留在朝中守着一个虚位庸碌度日，不如选一个珍视自己、器重自己的人，与其交心，为其出力，对于一身才华，倒也不算太过辱没。

一一 莲花见佛身

唐代诗坛星汉灿烂，如果说李白是太阳，杜甫是月亮，那么李商隐就是沧海明珠，生烟美玉。李白俊逸如仙，杜甫沉郁如刀，李商隐则成了我们心有灵犀的梦。

如果说晏媄的猝然长逝，给了李商隐情感世界的致命一击，那么杜悰的虚与委蛇，就是压垮李商隐仕宦之志的最后一根稻草。

杜悰，李商隐的表兄，杜牧的堂兄，唐宪宗之女岐阳公主的驸马，会昌年间的宰相，时任西川节度使。

大中五年冬，李商隐刚来到梓州不久，就被柳仲郢派往成都推狱，即协助审理案件。而西川节度使的治所正好在成都府。

> 愿保无疆福，将图不朽名。
>
> 率身期济世，叩额虑兴兵。
>
> 感念殽尸露，咨嗟赵卒坑。
>
> 傥令安隐忍，何以赞贞明。
>
> 恶草虽当路，寒松实挺生。

> 人言真可畏，公意本无争。
>
> 故事留台阁，前驱且旆旌。
>
> 芙蓉王俭府，杨柳亚夫营。
>
> ——《五言述德抒情诗一首四十韵，献上杜七兄仆射相公》（节选）

李商隐去拜访杜悰，这首诗就是送给杜悰的见面礼。

他称杜悰为"杜七兄"，以一个羁旅之人，一个门庭衰弱、福祚微薄的亲戚的身份，向其陈情，歌功颂德，极尽恭维。

却再次贻人口实——既然杜悰是"寒松"，那么"恶草"是谁？

想来李商隐本意是指当朝的奸佞小人，但难免让人联想到李德裕，而李商隐曾对李德裕极力褒扬，天下皆知。

杜悰乃牛党的骨干人物，李德裕回朝后，杜悰处处与李德裕政见不合，也因此离开京城。譬如在泽潞之乱时，李德裕极力主战，杜悰则是朝中的主和派。后来郭谊献刘稹首级投降，杜悰认为郭谊死罪可赦，李德裕认为郭谊先前鼓动刘稹秘不发丧，自领军务，见势不妙又卖主求荣，企图自赎，理应罪加一等。如此，李商隐便称赞杜悰是为了避免生灵涂炭，为天下苍生着想，才不主张兴兵平乱，实在正直贤明。

李商隐接着把杜悰比作王俭和周亚夫。

王俭，南朝齐卫将军，有爱才之心。名士庾景行受聘到王俭幕府去做长史的时候，安陆侯萧缅特意写信给王俭："盛府元僚，实难其选。庾景行泛渌水，依芙蓉，何其丽也。"时人便将入王俭府比作入莲花池，"红莲绿水，交相辉映"，从此幕府也有了"莲幕"的雅称。

周亚夫是西汉名相，曾驻军细柳营（今陕西咸阳西南）防御匈奴，以治军严整著称。

从李商隐写给杜悰的第二首诗的诗名来看——"今月二日，不自量度，辄以诗一首四十韵干渎尊严。伏蒙仁恩俯赐披览，奖逾其实，情溢于辞。顾惟疏芜，曷用酬戴，辄复五言四十韵诗献上，亦诗人咏叹不足之义也"，这份礼物当时不仅获得了杜悰的称赞，更是让李商隐产生了某种误解，以至于他的仕宦之志死灰复燃。

李商隐以为杜悰与令狐绹不同，或许会看在亲戚关系上，或许会看在他的才华上，生出一丝半缕的怜悯之心，提携自己一次——因为如果互换身份，李商隐一定会那样做。

李商隐依旧忽略了人性的隐晦、阴暗与冷漠。他大概不知道，杜悰是出了名的不体恤亲戚，《北梦琐言》里说杜悰镇荆州时，诸院姊妹多在诸宫寄寓，贫困尤甚，杜悰从未拯济，有乘肩舆至衙门诟骂者，亦不省问之。杜悰任淮南节度使时，逃荒的老百姓没有食物充饥，只能吃沼泽里的香蒲和漕运散落的大米，杜悰却上表朝廷，说老百姓吃的是"圣米"，乃大吉之兆。但凡是杜悰坐镇的地方，监狱囚犯都多达上千人，但他从不审理案件，囚死也不闻不问，终日沉迷酒宴，荒废政事。

史书里对杜悰的评价则是"处高位而妨贤，享厚禄以丰己。无功于国，无德于民"，这样的人却偏偏富贵而终，想来也真是讽刺。

喜欢用典的李商隐或许也不知道，"秃角犀"一典，正是来源于杜悰——犀牛以角为贵，脱角的犀牛，仅存其名而无实用也。

试问这样的人，又怎么会愿意帮助一个对自己毫无好处的外亲呢？

果然，李商隐的热情，再次换来了兜头冷水。当他献上第二首诗时，杜悰连表面的敷衍都没有了。

而一个月两首诗，述德也好，抒情也好，都是强烈、急切地为了得到杜悰的提携。

就像以己度人这回事，愚蠢也好，天真也好，还是因为执念太深。

到底是放不下啊。

大中六年（公元852年）春，李商隐从成都回到梓州，在佛法的加持下，对于仕宦路断，终于慢慢放下。

之前，因为思念亡妻，李商隐也一直郁郁寡欢，经常对着残壁孤灯，夜不能寐，痛苦不堪，甚至染上眼疾。

就是在这样的机缘之下，李商隐去慧义寺拜访了智玄大师。

慧义寺位于梓州城北，长平山上，是一座始建于北周的古寺，寓居巴蜀的杜甫就曾在慧义寺送朋友去成都，留下过隽永的诗句："莽莽谷中寺，娟娟林表峰。阑干上处远，结构坐来重。"

据《佛祖统纪》记载："智玄大师俗姓陈，咸通四年总政救门事，号悟达国师。帝幸安国寺，赐师沉香宝座。僖宗中和二年幸蜀，召师赴行在，后辞退九龙山。师三学洞真，名盖一时，世称陈菩萨。"

李商隐没能活到僖宗的时代，但在当时，智玄大师已经是远近闻名的高僧。见李商隐遭受眼疾之苦，智玄大师立即授给李商隐《天眼偈》三章。李商隐下山后，依法奉行，日夜礼诵，不日即疾患散去，双眼明亮如初，从此也对佛法深信不疑，越发虔诚。

所以，当柳仲郢怜李商隐孤独，想要把府中乐妓——才貌双绝的张懿仙许配给李商隐当侍妾时，李商隐便用书信的形式婉拒了府主的美意。

> 商隐启：两日前于张评事处伏睹手笔，兼评事传指意，于乐籍中赐一人，以备纫补。某悼伤以来，光阴未几。梧桐半死，才有述哀；灵光独存，且兼多病。眷言息胤，不暇提携，或小于叔夜之男，或幼于伯喈之女。检庾信荀娘之启，常有酸辛；咏陶潜通子之诗，每嗟漂泊。所赖因依德宇，驰骤府庭，方思效命旌旄，不敢载怀乡土。锦茵象榻，石馆金台，入则陪奉光尘，出则揣摩铅钝。兼之早岁，志在玄门，及到此都，更敦夙契，自安衰薄，微得端倪。至于南国妖姬，丛台妙妓，虽有涉于篇什，实不接于风流。况张懿仙本自无双，曾来独立，既从上将，又托英僚。汲县勒铭，方依崔瑗；汉庭曳履，犹忆郑崇。宁复河里飞星，云间堕月，窥西家之宋玉，恨东舍之王昌。

诚出恩私，非所宜称。伏惟克从至愿，赐寝前言，使国人尽保展禽，酒肆不疑阮籍。则恩优之理，何以加焉？干冒尊严，伏用惶灼。谨启。

——《上河东公启》

李商隐在信中诚恳地向柳仲郢解释，自己诗中写过的那些风流，纯属虚构，切莫当真。张懿仙那样的女子，应该为她匹配一段平等的婚姻，一份一心一意的爱情，而自己多愁多病，年过不惑，又有幼小的孩子要抚养，且心里只装得下亡妻一人，怎可误了美人终身？

可见李商隐不仅对妻子深情不渝，对身份卑微的女性也极为尊重。如此柔软心肠的人，又如何能够理解，一个人分明位极人臣，却对亲友的苦难袖手旁观呢？

显然，李商隐的担心是多余的。

柳仲郢是个心胸开阔又真诚待人的君子，不仅没有感觉到被冒犯，被拂了面子，且十分理解李商隐的决定，不久后，还向朝廷为李商隐奏请了检校工部郎中的宪衔——从五品上，已经是李商隐一生中官阶的顶峰。

大中七年（公元853年）冬，有朋自长安来梓州，为李商隐带来了衮师的消息，声称衮师消瘦了不少，勾起李商隐的思归之意。

又因朋友讨要文集，李商隐开始着手整理《樊南乙集》。

在自序中，李商隐写道："是夕大中七年十一月十日夜，火尽灯暗，前无鬼鸟，一如大中元年十月十二日夜时。书罢，永明不成寐。"

大中元年十月十二日夜，他在哪里呢？

在桂州幕府，在前往江陵的船上，"削笔衡山，洗砚湘江"，编成《樊南甲集》。是夜清风徐来，明月大江，天地寂然，他在船舱中写下了《樊南甲集》的序言，三十余年往事尽在笔下，内心忍不住暗流涌动。

而从桂州到梓州，分明只过了七年的时间，他为何仿佛过了大半生？

或许真的像古诗里说的那样——思君令人老，岁月忽已晚。

《樊南乙集》的序言中，李商隐还写道："三年来丧失家道，平居忽忽不乐，始剋意事佛，方愿扫地打钟，为清凉山行者。"他自出财俸，于长平山慧义精舍藏经院特创石壁五间，金字勒《妙法莲华经》七卷。

李商隐的父亲崇尚儒学，母亲则是个虔敬的佛教徒。李商隐就曾告诉柳仲郢："《妙法莲华经》者，诸经中王，最尊最胜，始自童幼，常所护持……"

可见在李商隐的成长环境里，他对佛法与儒家思想都是从小耳濡目染，也算是佛缘深种。

少年时，李商隐以士子的身份学道玉阳，希望步入仕途的过程可以更加顺畅，也一度以为自己是个修仙之才，对于那个白日飞升的理想境界，心向往之，念念不忘。

怎知不入红尘，不知欲望之苦，不入仕途，不识人心之深。红尘一遭，到底是甜短苦长，又落得个满身疲惫，心伤累累。

在崔戎幕府时，他曾习业南山，一直忘不了山寺的磬鸣与梵呗，如置须弥山顶，沐浴花雨。

为母丁忧时期，他频繁与僧人来往，试图勘破生命的无常，其诗《北青萝》写："残阳西入崦，茅屋访孤僧。落叶人何在，寒云路几层。独敲初夜磬，闲倚一枝藤。世界微尘里，吾宁爱与憎。"

一个王朝的更迭，不过是佛前一朵莲花的开落，一盏灯火的明灭，一粒红尘的沉浮。那么一个人生命中的爱与憎，对于世界，对于时间，又算得了什么？

于是，为了纾解"丧失家道"的痛苦，他再次主动亲近佛法——却原来，是久别重逢。

剋意事佛，就是潜心致志，用尽心思的意思。

李商隐也确实倾其所能。公务之余，在僧院中，他扫地打钟，撰写碑文，藏经石壁，一如虔诚小僧。

君问归期未有期，巴山夜雨涨秋池。

何当共剪西窗烛，却话巴山夜雨时。

——《夜雨寄北》

在梓州，有次夜宿佛寺，秋雨涨满山池，夜色也涨满了连绵的大山。雨声滴落在古老的青瓦上，滴落在萧瑟的草木间，如珠玉滚落，如梵呗呢喃。

侧耳倾听，他感觉自己像是时间的旅人，又像是寺中的归人，屋内烛影摇曳，有一种贯穿前生今世的寂静。

在这样的情境中，李商隐写下了这首著名的《夜雨寄北》，以诗代信，回复长安的友人，身在巴山，归期未定。

他想起曾经与友人西窗剪烛、彻夜清谈的时光，仿佛是上辈子的事情。又想起友人久居长安，还未聆听过巴山的夜雨，不知道会不会觉得怅憾。

那么《夜雨寄北》所寄何人？

与李商隐笔下的《无题》诗一样，如今依然是一个无法解开的谜题。

有人认为是寄给妻子的，当然时间也要挪到李商隐从桂州幕府北归途中的一次巴蜀游历。

有人认为是寄给韩瞻的，韩瞻人在长安，不仅是同年，是连襟，是朋友，还是知音。

也有人认为是寄给朋友崔珏的，李商隐去世后，崔珏为他痛哭："虚负凌云万丈才，一生襟抱未曾开。鸟啼花落人何在，竹死桐枯凤不来。良马足因无主踠，旧交心为绝弦哀。九泉莫叹三光隔，又送文星入夜台。"西窗剪烛人，首先就要是懂自己的人。

或许，又只是李商隐用笔为自己营造的一个梦境。

大中九年（公元855年）十一月，柳仲郢接到朝廷调令，回长安任吏部侍郎，李商隐人生中的最后一次幕府生涯也正式落下了帷幕。

李商隐抵达长安时，已经是第二年的春天。

长安柳色依旧，牡丹花香依旧，但再也没有一个人，会像晏媄那般翘首以盼，等他归家。

这一年，李商隐四十五岁，因为家族中某种遗传的暗疾，他的身体越来越差，长感时日无多，就连笔下也已经生出了沉沉的暮气。

大中十年（公元856年），柳仲郢改任兵部侍郎，充盐铁转运使，再次对李商隐伸出援手，向朝廷奏请李商隐为盐铁推官。

盐铁推官虽官阶不高，但所属部门掌管的盐铁兼漕运皆为国家命脉，待遇丰厚，算是一个肥差。

按照史册里的记载，一次，有人在衣袖里藏金子向李商隐行贿，李商隐推辞再三，对方依旧不肯放弃。

李商隐干脆直接表态："我性格如此，天生就不愿意做这样的事，并不是害怕别人知道，才不愿意做这样的事。"

对方见他态度坚决，顿失颜面又不可声张，只好悻然拂袖而去。

李商隐望着对方的背影，突然对官场对幕府都有了深深的厌倦。熙熙攘攘的码头上，他看见每个人的脸上都写满了功名利禄。

他想起在汴州板桥送别友人，写下"水仙欲上鲤鱼去，一夜芙蓉红泪多"，曾被世人误读为情诗。实际上，那句诗里，藏着他的一个梦。

在他的梦中——"初梦龙宫宝焰然，瑞霞明丽满晴天。旋成醉倚蓬莱树，有个仙人拍我肩。"

> 向晚意不适，驱车登古原。
> 夕阳无限好，只是近黄昏。

——《登乐游原》

大中十二年（公元858年），柳仲郢改任刑部尚书，李商隐考虑再三，还是辞去了盐铁推官的职务，回老家荥阳养病。

回荥阳之前，李商隐驱车前往乐游原，写下了这首脍炙人口的诗。

当时，登上乐游原，整座长安城就可以尽收眼底。

李商隐看见偌大的帝国都笼罩在夕阳的余晖下，发出琥珀色的光芒。时间也是一条流动的黄金之河，流过一个又一个的帝国，流过掌纹纵横的手心。

只是，他手中的五彩笔，还从未起草过天子诏令，从未在笏板上写过治国安邦的谏言，就要枯萎了，黯淡了，湮没在历史的滚滚洪流之中了。

他那个被父辈寄予期望的名字，也从未沾染过成为帝王之师的机遇，终其一生，也依旧是玉谿一书生。

他的内心充满了感伤与怅憾。

而一年后，一直以唐太宗为榜样的唐宣宗，因为长期服用丹药而毒入脏腑。宣宗驾崩后，唐帝国的夕阳，便将迅速滑落至永恒的黑夜。

在荥阳，李商隐偶尔会弹奏晏媄留下的锦瑟，想念他和亡妻一起度过的相濡以沫的时光。

到了年底，他的病越发严重，身体轻飘飘的，眼前总出现幻觉，似梦非梦。

有一次，他仿佛看到智玄大师坐在他的面前，对他亲授《大般涅槃经》："世尊大放光明，身上一毛孔出一莲华，其华微妙，各具千叶。是诸莲华，各出种种杂色光明，是一华各有一佛，圆光一寻，金色晃耀，微妙端严，尔时所有众生多所利益……"

于是，李商隐写信告诉智玄的弟子僧彻："某志愿削染为玄弟子。"

遗憾的是，僧彻收到信的时候，李商隐已经病入膏肓，药石无医。

"苦海迷途去未因，东方过此几微尘。何当百亿莲花上，一一莲花见佛身。"

生如苦海，皈依佛门，是不是迷途知返？

世间一切幻象，原来都是心相。

卧病在床，李商隐又想起曾经看过的《抱朴子》，里面说周穆王南征，一军尽化，君子为猿为鹤，小人为虫为沙。

彼时年少，他希望自己化作鲲鹏，扶摇直上九万里。

但到了生命的尽头，如果来世的心愿可以选择，他希望自己可以化作巴山的一滴夜雨；或化作庄周梦里的一只蝴蝶；或化作佛祖身边的一名小僧，立于须弥山顶，手持莲花，聆听妙音，无忧无怖，无欲无求。

> 锦瑟无端五十弦，一弦一柱思华年。
>
> 庄生晓梦迷蝴蝶，望帝春心托杜鹃。
>
> 沧海月明珠有泪，蓝田日暖玉生烟。
>
> 此情可待成追忆，只是当时已惘然。
>
> ——《锦瑟》

大中十二年（公元858年）冬，或是大中十三年春，李商隐在荥阳老家病逝，面目安详，身边放着亡妻的锦瑟与一首无法解读的诗。

很多人喜欢李商隐，也是从这首《锦瑟》与《夜雨寄北》开始的。

一如暖玉生烟，夜雨入池，或许，除了诗歌本身的艺术性与故事感之外，我们真正喜欢的，为之共鸣的，与之灵犀互通的，还是字里行间那哀而不伤的情愫，是每个有情人都能在这温润又清澈的诗眼中，看到千金不换的深情与蕴藉，看到自身情感的隐晦与皎洁，看到小人物命运的源头与倒影。

是的，李商隐，我们心中沧海遗珠般的诗人，在他生活的时代，不过是一个无足轻重的小人物。

没有隆重的葬礼，没有详尽的记录，就连生卒年，都是模棱两可的——小人物的生与死，悲和喜，甚至无法卷起时代之河里的一朵浪花。

　　好在时间可以披沙拣金，把一个人真正的魅力与价值显现出来。

　　唐代诗坛星汉灿烂，如果说李白是太阳，杜甫是月亮，那么李商隐就是沧海明珠，生烟美玉。

　　李白俊逸如仙，杜甫沉郁如刀，李商隐则成了我们心有灵犀的梦。

附录 APPENDIX

李商隐年表

唐宪宗元和七年（公元812年），一岁

李商隐出生在怀州获嘉县令官舍，其父李嗣时为获嘉县令。有姐二人，均已出嫁。

唐宪宗元和九年（公元814年），三岁

父李嗣罢获嘉县令，入浙东观察使孟简幕府，全家迁往浙江。

唐穆宗长庆元年（公元821年），十岁

父李嗣在浙江去世，李商隐奉母携弟妹扶棺回荥阳守丧，佣书贩舂度日。此后数年，与弟羲叟跟随从叔李处士读书。

唐文宗太和元年（公元827年），十六岁

在济源玉阳山学道温书。以古文《才论》《圣论》出诸公间，才名初显。

唐文宗太和三年（公元829年），十八岁

离开玉阳山，在洛阳结识令狐楚，拜访白居易。是年冬，令狐楚调任天平军节度使，李商隐入郓州天平军幕府作巡官，初学骈文。

唐文宗太和四年（公元830年），十九岁

春，令狐绹进士及第。冬，李商隐受令狐楚资助，随计上都参试，翌年落第。

唐文宗太和六年（公元832年），二十一岁

春，落第。令狐楚调任太原，李商隐入太原幕府。冬，随计上都参试。

唐文宗太和七年（公元833年），二十二岁

春，落第，回到荥阳，结识郑州刺史萧澣。秋，因萧澣力荐，被华州刺史崔戎礼聘幕府，主管文书。冬，与崔戎子侄一起习业南山。

唐文宗太和八年（公元834年），二十三岁

三月，随崔戎入兖海幕府，任掌书记。六月，崔戎病故。

唐文宗太和九年（公元835年），二十四岁

春，在洛阳遇见柳枝，应举落第。六月，徒步前往长安凭吊崔戎。十一月，长安发生甘露之变。

唐文宗开成二年（公元837年），二十六岁

春，进士及第。冬，令狐楚病危，李商隐日夜兼程赴汉中兴元幕府，为令狐楚代草遗表。冬，与令狐绹兄弟一起扶棺回长安。

唐文宗开成三年（公元838年），二十七岁

春，应制举博学宏辞科考试，被朝中一"中书长者"以"此人不堪"为由抹去名字。夏，入泾原节度使王茂元幕。秋，王茂元将小女儿晏媄许配给李商隐。

唐文宗开成四年（公元839年），二十八岁

春，应书判拔萃科考试，释褐为秘书省校书郎。夏，调任弘农县尉，以活狱忤观察史孙简。

唐文宗开成五年（公元840年），二十九岁

春，文宗驾崩。秋，请求卸任回长安，向吏部申请新职。冬，樊南新居落成。令狐绹为父丁忧期满回朝，任左补阙。

唐武宗会昌元年（公元841年），三十岁

春，入华州刺史周墀幕，任掌书记，草拟文书。秋，在陈州忠武军节度使王茂元幕。

唐武宗会昌二年（公元842年），三十一岁

春，应书判拔萃科考试，得官秘书省正字。冬，其母病逝，停职居家守丧。

唐武宗会昌三年（公元843年），三十二岁

奔波于陕西与河南之间，为亲人迁葬。泽潞之乱爆发。

唐武宗会昌四年（公元844年），三十三岁

完成家族迁葬大事，"五服之内，更无流寓之魂；一门之中，悉共归全之地"。秋，王茂元病逝军中。泽潞之乱平。李商隐移家蒲州永乐乡下。

唐武宗会昌五年（公元845年），三十四岁

十月，守丧期满，返回长安，第三次进入秘书省。

唐武宗会昌六年（公元846年），三十五岁

子李衮师出生。武宗驾崩。宣宗登基，牛党得势。八月，白居易病逝，李商隐为其撰写墓志。

唐宣宗大中元年（公元847年），三十六岁

春，弟羲叟进士及第。夏，入桂州刺史郑亚幕。十月，奉命前往江陵聘问荆南节度使郑肃。十二日夜，在船上"削笔衡山，洗砚湘江"，编成《樊南甲集》。

唐宣宗大中二年（公元848年），三十七岁

春，从江陵返桂州，与刘蕡同游楚地。夏，代理昭平郡守。秋，郑亚被贬循州。冬，李商隐回长安。

唐宣宗大中三年（公元849年），三十八岁

春，通过选官考试，被任命为盩厔县尉，不久到京兆府任掌书记。冬，牛僧孺卒，杜牧为其撰墓志，李商隐为其写祭文。羲叟得官秘书省校书郎，改授河南府参军。年底，李商隐赴徐州武宁军节度使卢弘止幕。

唐宣宗大中五年（公元851年），四十岁

春，妻王氏病故。卢弘止病逝。令狐绹拜相，李商隐补太学博士。东川节度使柳仲郢以三十五万钱为聘，辟李商隐为书记。冬，李商隐赴梓州柳仲郢幕，不久被柳仲郢派往成都推狱，写诗干谒西川节度使杜悰，无果。

唐宣宗大中六年（公元852年），四十一岁

春，回梓州，剋意事佛。"自出财俸，于长平山慧义精舍藏经院特创石壁五间，金字勒《妙法莲华经》七卷。"

唐宣宗大中七年（公元853年），四十二岁

冬，整理《樊南乙集》并写序言。

唐宣宗大中九年（公元855年），四十四岁

十一月，柳仲郢调任吏部侍郎，李商隐回长安。

唐宣宗大中十年（公元856年），四十五岁

柳仲郢改任兵部侍郎，充盐铁转运使，向朝廷奏请李商隐为盐铁推官。

唐宣宗大中十二年（公元858年），四十七岁

柳仲郢改任刑部尚书，李商隐罢盐铁推官，回荥阳养病。回荥阳前，驱车乐游原。冬，或大中十三年春，于荥阳病逝，留绝笔《锦瑟》。

李商隐诗选

初食笋呈座中

嫩箨香苞初出林，於陵论价重如金。

皇都陆海应无数，忍剪凌云一寸心。

夕阳楼

花明柳暗绕天愁，上尽重城更上楼。

欲问孤鸿向何处，不知身世自悠悠。

柳枝五首（并序）

柳枝，洛中里娘也。父饶好贾，风波死湖上。其母不念他儿子，独念柳枝。生十七年，涂妆绾髻未尝竟，已复起去，吹叶嚼蕊，调丝擪管，作天海风涛之曲，幽忆怨断之音。居其傍，与其家接，故往来者，闻十年尚相与，疑其醉眠梦物断不娉。余从昆让山，比柳枝居为近。他日春，曾阴，让山下马柳枝南柳下，咏余《燕台》诗。柳枝惊问："谁人有此？谁人为是？"让山谓曰："此吾里中少年叔耳。"柳枝手断长带，结让山为赠叔乞诗。明日，余比马出其巷，柳枝丫鬟毕妆，抱立扇下，风鄣一袖，指曰："若叔是？后三日，邻当去湔裙水上，以博山香待，与郎俱过。"余诺之。会所友有偕当诣京师者，戏盗余卧装以先，不果留。雪中，让山至，且曰："为东诸侯取去矣。"明年，让山复东，相背于戏上，因寓诗以墨其故处云。

花房与蜜脾，蜂雄蛱蝶雌。

同时不同类，那复更相思。

本是丁香树，春条结始生。

玉作弹棋局，中心亦不平。

嘉瓜引蔓长，碧玉冰寒浆。

东陵虽五色，不忍值牙香。

柳枝井上蟠，莲叶浦中干。

锦鳞与绣羽，水陆有伤残。

画屏绣步障，物物自成双。

如何湖上望，只是见鸳鸯。

及第东归次灞上却寄同年

芳桂当年各一枝，行期未分压春期。

江鱼朔雁长相忆，秦树嵩云自不知。

下苑经过劳想像，东门送饯又差池。

灞陵柳色无离恨，莫枉长条赠所思。

安定城楼

迢递高城百尺楼，绿杨枝外尽汀洲。

贾生年少虚垂涕，王粲春来更远游。

永忆江湖归白发，欲回天地入扁舟。

不知腐鼠成滋味，猜意鹓雏竟未休。

自贶

陶令弃官后，仰眠书屋中。

谁将五斗米，拟换北窗风。

荆门西下

一夕南风一叶危，荆门回望夏云时。

人生岂得轻离别，天意何曾忌崄巇。

骨肉书题安绝徼，蕙兰蹊径失佳期。

洞庭湖阔蛟龙恶，却羡杨朱泣路歧。

九日

曾共山翁把酒卮，霜天白菊绕阶墀。

十年泉下无消息，九日樽前有所思。

不学汉臣栽苜蓿，空教楚客咏江蓠。

郎君官贵施行马，东阁无因再得窥。

房中曲

蔷薇泣幽素，翠带花钱小。

娇郎痴若云，抱日西帘晓。

枕是龙宫石，割得秋波色。

玉簟失柔肤，但见蒙罗碧。

忆得前年春，未语含悲辛。

归来已不见，锦瑟长于人。

今日涧底松，明日山头檗。

愁到天池翻，相看不相识。

杜工部蜀中离席

人生何处不离群，世路干戈惜暂分。

雪岭未归天外使，松州犹驻殿前军。

座中醉客延醒客，江上晴云杂雨云。

美酒成都堪送老，当垆仍是卓文君。

夜雨寄北

君问归期未有期，巴山夜雨涨秋池。

何当共剪西窗烛，却话巴山夜雨时。

锦瑟

锦瑟无端五十弦，一弦一柱思华年。

庄生晓梦迷蝴蝶，望帝春心托杜鹃。

沧海月明珠有泪，蓝田日暖玉生烟。

此情可待成追忆，只是当时已惘然。

无题

八岁偷照镜，长眉已能画。

十岁去踏青，芙蓉作裙衩。

十二学弹筝，银甲不曾卸。

十四藏六亲，悬知犹未嫁。

十五泣春风，背面秋千下。

无题二首（其一）

昨夜星辰昨夜风，画楼西畔桂堂东。

身无彩凤双飞翼，心有灵犀一点通。

隔座送钩春酒暖，分曹射覆蜡灯红。

嗟余听鼓应官去，走马兰台类转蓬。

无题

相见时难别亦难，东风无力百花残。

春蚕到死丝方尽，蜡炬成灰泪始干。

晓镜但愁云鬓改，夜吟应觉月光寒。

蓬山此去无多路，青鸟殷勤为探看。

嫦娥

云母屏风烛影深，长河渐落晓星沉。

嫦娥应悔偷灵药，碧海青天夜夜心。

贾生

宣室求贤访逐臣，贾生才调更无伦。

可怜夜半虚前席，不问苍生问鬼神。

晚晴

深居俯夹城，春去夏犹清。

天意怜幽草，人间重晚晴。

并添高阁迥，微注小窗明。

越鸟巢干后，归飞体更轻。

登乐游原

向晚意不适，驱车登古原。

夕阳无限好，只是近黄昏。

参考资料

1. 郑在瀛编著：《李商隐诗全集》，崇文书局2015年版。

2. [唐]李商隐、[清]冯浩、钱振伦、钱振常：《樊南文集》，上海古籍出版社2015年版。

3. [宋]司马光：《资治通鉴》，中华书局2011年版。

4. [宋]欧阳修、[宋]宋祁：《新唐书》，中华书局1975年版。

5. [后晋]刘昫等：《旧唐书》，中华书局1975年版。

6. [加]叶嘉莹：《美玉生烟：叶嘉莹细讲李商隐》，北京大学出版社2018年版。

7. 董乃斌：《锦瑟哀弦：李商隐传》，作家出版社2015年版。

8. 王军：《李商隐》，长江文艺出版社2021年版。

9. 苏缨、毛晓雯：《多情却被无情恼：李商隐诗传》，湖南文艺出版社2013年版。

10. 张炜：《唐代五诗人》，人民文学出版社2022年版。

11. 郭伟玲：《唐代秘书省研究》，武汉大学出版社2021年版。

12. [唐]段成式、张仲裁：《酉阳杂俎》，中华书局2017年版。

13. [唐]苏鹗：《杜阳杂编》，商务印书馆2014年版。

14. [唐]李商隐、[清]冯浩、蒋凡:《玉谿生诗集笺注》,上海古籍出版社1979年版。

15. 刘学锴、余恕诚:《李商隐文编年校注》,中华书局2014年版。

16. 刘学锴:《李商隐传论》(增订本),黄山书社2013年版。

17. [日]石田干之助、钱婉约:《长安之春》,清华大学出版社2015年版。

18. 森林鹿:《唐朝穿越指南》,北京联合出版有限公司2013年版。

19. 刘敬堂、胡良清:《珠箔飘灯独自归:李商隐传》,中国文史出版社2017年版。